KB073728

입지의 신 빠숑과 임장의 신 블루999의

당신만 몰랐던
부동산 투자

본문은 임장 조사한 시점을 기준으로 작성되었습니다. 따라서 현재 시세와 추가적으로 진도가 나간 사업장들의 현황이 변경되었을 가능성이 있다는 것을 감안하고 활용하길 당부드립니다.

★★★
당신만 몰랐던
부동산 투자

엄지의 신 빠숑과 임장의 신 블루999의

김학렬·김우람 지음

위기에 가려진 기회를 발견하라!
부동산 고수의 단기 투자 비법

베가북스
VegaBooks

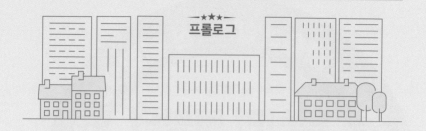

공부하면 보일 것이요, 공부하지 않으면
절대 제대로 투자할 수 없을 것입니다!

— 주식투자를 먼저 시작했습니다

주식 투자를 꽤 오랫동안 해 오고 있습니다. 연차로만 따져보면 부동산 투자보다 훨씬 더 먼저 시작했죠. 주식 투자를 처음 시작했을 때가 기억납니다. 어차피 모르는 기업들을 매수하진 않았어요. 알 만한 기업에만 투자했으니까요. 투자 결과는 대단히 만족스러웠습니다. 매수한 종목들은 모두 시세가 올랐으니까요.

아! 주식 투자라는 것이 아는 기업에만 투자하면 절대 손해를 보지 않는구나!

자신감이 넘치면서 주식 투자라는 것이 '별것 아니구나'라는 생각이 들었습니다. 그래서 투자금액을 수백만 원대에서 수천만 원대로 높였습니다. 그런데 이미 많이 오른 종목들은 더 이상 시세가 오르지 않았습니다. 그래서 이름 정도만 아는 기업 중에서 투자했습니다. 그중 덜 오른 종목들에 투자했는데 놀랍게도 상승했습니다. 하지만 계속 가지고 있을 수가 없었습니다. 그래서 20% 정도 금액이 상승하자 바로 매도했습니다. 그랬더니 거짓말처럼 그 종목은 더 이상 안 오르더군요.

그래서 소유하고 있는 종목 중 일주일간 시세가 움직이지 않는 종목들은 바로 매도했습니다. 약간 손해를 본 것도 있었고 수익을 본 것도 있었습니다. 결국, 투자했던 금액을 다 회수했습니다. 그리고는 당시는 예금 이자가 높을 때라서 예금을 하려고 했죠. 그런데 금융사에 재직하고 있는 친구가 일반 예금보다는 이율이 높은 신탁 상품에 맡겨두라고 해서 그렇게 했습니다. 그 직후 IMF가 터졌습니다.

— 블랙스완이 터집니다

주식 시장은 아비규환이었습니다. 주식을 뺀 상태니 그나마 손해가 덜했고요. 하지만 예금이 아닌 신탁 상품이어서 원금의 10% 정도 손해를 봤죠. 친구를 원망할 수도 없었던 것이 그 친구는 얼마 안 있어 직장을 그만두어야 했으니까요.

이후 한동안 주식 투자를 하지 않았습니다. 직장 생활만 열심히 했죠. 하지만 IT 버블 시기가 오자 지인들이 주식으로 큰돈을 벌었다는 이야기를 하더군요. 그래서 다시 시작할까 몇 번을 망설이다가 IT 버블 폭발 직전에 주식 투자를 다시 시작했습니다. 그동안 기업체 공부를 전혀 하지 않았고 IMF 때 알고 있는 대기업들도 망해 가는 걸 봤기 때문에 어떤 기업에 투자해야 할지 전혀 감이 오지 않았습니다. 그래서 주식으로 돈을 많이 벌었다는 친구들에게 정보를 요청해서 몇 개의 기업을 소개받았습니다. 전혀 모르는 기업들이었고 묻지마 매수했더니 3일 만에 상한가를 쳤습니다. 게다가 3일 연속 상한가였습니다. 그리고 매도했습니다. 참 기분이 묘하더군요.

그래서 이번엔 다른 종목을 추천받아 투자했습니다. 이번에는 전보다 더 큰 금액으로 원금에 수익을 본 금액에다가 대출까지 받아서 투자했습니다. 이번에도 이틀 연속 상한가였습니다. 그런데 문제는 3일째 되는 날에 발생했습니다. 하한가였고 4일 연속으로 하한가를 기록했습니다. 그래서 큰 손실을 보았고 대출까지 받은 상황이라 피해는 더 심했습니다.

결국, 그 이후로 꽤 오랫동안 주식 투자를 하지 않았습니다.

― 투자 공부를 시작했습니다

기본적 분석, 기술적 분석을 구분하고 활용하기 시작하면서 다시 투자를 시작했고요. 그 이후로는 주식에 투자해서 거의 돈을 잃지 않았습니다.

이번에는 부동산 투자를 시작했습니다. 주식 투자의 실패 때문에 본의 아니게 투자 공부를 할 수 있었습니다. 게다가 다행히 제가 있었던 곳이 부동산 리서치를 담당하는 부서여서 부동산 시장 분석, 입지 분석, 상품 분석, 가격 분석, 소비자 분석 등 셀 수 없는 많은 조사와 연구 활동을 할 수 있었습니다. 시간이 쌓이다 보니 부동산 내공이라는 것이 생겼습니다.

주식과 부동산을 함께 공부하니 서로 보완이 되고 좋았습니다. 주식의 기본적 분석은 가치 투자의 영역입니다. 부동산으로 따지면 입지 가치와 상품 가치를 추정하는 것입니다. 주식의 기술적 분석은 말 그대로 추세를 파악하는 것입니다. 그리고 부동산도 매수·매도 타이밍이 짧은 경우가 꽤 많습니다. 말 그대로 단타 투자죠. 다만 주식과 부동산의 가장 큰 차이점은 단타의 기간이 차이가 있다는 것이죠. 주식은 하루에도 몇 번씩 사고팔 수 있지만, 부동산은 최소한 며칠 이상은 소요됩니다. 그래서 부동산은 통상적으로 1년 전후를 단타라고 할 수 있을 것입니다.

또 두 투자 대상의 차이점을 구분하자면 실수요 여부입니다. 이 차이 때문에 부동산이 조금 더 리스크가 낮습니다. 주식 단타 투자의 경우는 매도 타이밍을 한번 놓치면 망하는 경우가 많습니다. 제가 경험했던 그 IT 버블 시기에 당했던 경우와 같이 말이죠. 하지만 부동산의 경우는 실수요가 있다면 임차로 세팅을 하고 다음 사이클이 다시 돌아올 때까지 기다릴 수도 있습니다. 전세가율이 높은 경우, 혹은 월세로 세팅된 경우는 돈이 크게 묶이지도 않으니까요.

─ 결국 투자는 제대로 공부해야 합니다

『당신만 몰랐던 부동산 투자』를 준비하면서 많은 고민을 했습니다. 솔직히 말하자면 이 책은 초보자들에게는 다소 어렵습니다. 부동산 투자자들이 쓰는 용어를 주로 사용했고, 기초 부동산 상식은 설명하지 않았습니다.

하지만 많은 사람이 부동산 투자를 제대로 할 수 있도록 돕고 싶었습니다. 제가 주식 투자를 통해 시행착오를 겪었던 것처럼, 적어도 선한 목적으로 부동산 투자를 하고자 하는 분이라면 기본적 분석이나 기술적 분석도 못 하는 상태로 투자하도록 하고 싶지는 않았습니다.

― 갭 투자, 해도 좋습니다. 하지만!

갭 투자를 해도 좋습니다. 다만, 제대로 된 갭 투자를 해야 합니다. 단기적인 사이클도 알아야 하고 기본적인 입지 분석, 즉 수요가 있는지 여부 정도는 파악해야 합니다. 그래야 적정 시세가 보입니다. 남들이 투자해서 돈을 벌었다는 이야기를 듣고 뒤늦게 투자한다면 소위 '상투'를 잡을 수도 있습니다. 생각보다 그렇게 투자를 실패하는 경우가 꽤 많습니다. 독자에게 적어도 갭 투자를 하면서 그런 실수를 하지 않도록 다양한 실전 사례들을 제시해 주고 싶었습니다.

'썩빌' 투자를 해도 좋습니다. 다만 묻지마 투자는 안 됩니다. 썩빌도 시세가 오를 만한 호재가 있어야 합니다. 호재가 실현될 수도 있고 되지 않을 수도 있습니다. 그렇다면 어떤 타이밍에 들어가서 어떤 타이밍에 나와야 최소한의 이익을 보거나 손해를 보지 않을 수 있는지 생각하면서 투자하자는 것입니다.

최근 오피스텔, 지식산업센터, 꼬마빌딩, 토지에 대한 투자가 대단한 인기를 누리고 있습니다. 70%는 묻지마 투자고 30% 정도만 제대로 투자하고 있다고 판단합니다. 30% 안에 들려면 공부를 해야 합니다. 최소한 이 오피스텔, 지식산업센터, 꼬마빌딩, 토지 투자 시장이 왜 발생했고, 어떻게 수익을 올리고 있으며, 어떤 리스크가 있는지 알고 들어가야 합니다.

그래서 저는 제대로 공부하자는 말씀을 드리고 싶습니다. 더 솔직하게 이야기하자면 돈이 없을수록 더 많이 공부해야 한다고 생각합니다. 사실 돈이 많으면 공부하지 않아도 됩니다. 왜냐면 그냥 제일 비싼 것을 사면 되니까요. 제일 비싼 것들은 거의 손해 보지 않거든요. 리스크가 낮아서 비싼 것이라 대체적으로 시세가 안정적으로 상승합니다. 하지만 이 책의 독자 중 99%는 자금이 충분치 않을 겁니다. 충분치 않기 때문에 공부해야 합니다. 투자금이 적어 비싼 것을 살 수 없으므로 리스크가 있는 것을 사야 합니다. 다만, 그 리스크를 공부로 헷지*해야 합니다.

그리고 빠르게 사고 빠르게 파는 단타를 해야 합니다. 돈이 없으면 시간에 투자하는 여유를 부릴 수 없죠. 그래서 빠르게 종잣돈을 모아야 합니다. 그래야 상대적으로 안정적인 투자 단계로 넘어갈 수 있습니다.

---

* 헷지
1. 몡 생울타리, 산울타리 2. 몡 (특히 금전 손실을 막기 위한) 대비책 3. 통 얼버무리다
4. 통 생울타리를 심다[두르다] (출처: 옥스퍼드 영한사전)

─ 확률은 높이고 리스크는 낮추는 공부

하지만 마음만 급해서는 안 됩니다. 매수·매도에 대한 의사는 빠르게 결정해야 하지만, 의사를 결정하기까지는 짧지만 굵게, 리스크를 낮추고 확률을 높일 수 있게 고민해야 합니다.

부디 『당신만 몰랐던 부동산 투자』가 독자 여러분들의 투자 인생에 있어 진짜로 의미 있는 계기가 되었으면 좋겠습니다. 정신을 못 차리고 있을 때 "야! 정신 차려! 집중해야지!"라면서 일침을 날리는 좋은 멘토가 되었으면 좋겠습니다.

다시 말하지만 공부합시다. 안정적인 투자를 할 수 있는 여윳돈이 생기기 전까지는 하루도 쉬지 않도록 합시다. 욜로? 그것은 금수저 자녀들에게만 주어진 선물이라고 생각합니다. 열심히 투자하고 돈 벌어서 여러분의 자녀가 욜로족이 되도록 해보는 것은 어떨까요?

자, 이제 떠납시다! 진짜 투자의 세계로! 이 책과 함께!

— 스마트튜브 경제아카데미 김학렬 소장(빠숑)

투자자를 위한 시장 전문가와 현장 전문가의 가장 완벽한 합주

여름에 강가에 놀러 가본 분이라면 아마도 다 이런 경험이 있을 겁니다. 멀리서 본 강은 유유히 멈춘 듯 느긋하게 흘러가지만, 흐르는 강물에 한 발을 담그고 내려다보면 물살이 빠르고 급하게 발목에 부딪혀 옵니다.

지금의 시장이 그와 같은 모습입니다. 느긋해 보이는 하루에도 현장을 방문해서 분위기를 탐지하면, 시황이 급박하게 바뀌는 지역과 상품이 있습니다.

그런데 강물을 바라보는 데는 **위의 두 가지 시선이 모두 필요합니다. '머언' 시야에만 몰두해 강을 바라보다 보면 발밑 물살의 변화를 알지 못하며, 당장 아래의 물살 변화에만 집중하다 보면 멀리서 불어나는 강물을 눈치채지 못해 자칫 위기에 처할 수도 있습니다.**

부동산 시장도 마찬가지입니다. 크게, 멀리만 보면 당장의 기회를 놓칠 수 있고, 반대로 당장의 기회만 추구한다면 큰 흐름을 놓칠 수 있습니다.

그런 점에서 김학렬 소장님과 블루999님의 합주는 투자자에겐 더없이 달콤한 음률이 되어줍니다. 지난 20여 년간 2,000여 개에 가까운 **부동산 프로젝트를 진행하며 부동산 업계 최고의 멘토로 우뚝 선 김학렬 소장님이 잡아낸 큰 물줄기**에, 한땀 한땀 **현장을 깊숙이**

파내며 담아낸 블루999님의 세세한 임장 정보가 합쳐진 이 책을 읽노라면 우주에서 지구를 바라보다 어느 순간 망원경으로 골목길까지 탐험하는 기분이 들 것입니다.

최근 주변의 투자자분들을 만나보면 '방향을 잃었다'는 말을 많이 듣습니다. 양도세, 보유세, 취득세의 중과로 팔 수도, 더 살 수도 없는 애매한 상태라고 합니다. 그렇다고 쉬고만 있기도 어려운 상황입니다. 정부 정책과 규제의 변화, 시장 사이클의 진행에 의해 투자자가 쉬고 있는 동안에도 특정 지역이나 상품의 시황은 시나브로 바뀌고 있으니까요.

하지만 이러한 고민은 처음이 아닙니다. **지난 2006년 상반기,** 당시 언론에 게재된 칼럼의 일부분을 보면 이렇습니다.

'요사이 주택 시장을 바라보고 있자면, 갈팡질팡 길을 잃고 갈 곳을 몰라 제자리에 서 있거나, 이곳저곳을 기웃거리며 자신의 길잡이가 되어줄 멘토를 찾는 사람이 의외로 많다는 생각이 든다.

이미 참여정부의 규제책이 누적될 대로 누적됐지만, 일정 정도의 조정기를 겪고 나면 곧 쉬었다가 다시 치고 오르는 매매가의 상승 추이를 보면서 도대체 어디까지를 상투로 생각해야 할지 혼란스러울 뿐이고, 심리적 저항선에 매수를 망설였더니만 이미 저만큼 가 있는 집값에 박탈감을 느껴 초조한 마음이 드는 이도 한둘이 아니었다.

그렇다고 집이 있는 이라고 마음이 편할까? ⋯ (중략) ⋯ 연내 어떻게든 돈 되는 지역으로 갈아타 보려 하지만, 최근 투기지역에 투하된 고가주택의 대출 규제와 무주택자에게 유리해질 청약제도 개편까지 예정돼 있어 그저 그런 집 한 채 가지고 갈아타려는 사람의 심기도 불편할 따름이다.

그나마 시장이 머니 게임화되고 있어 규제가 풀릴 때까지 기다리기 여유로운 다주택자의 경우라 할지라도 세금폭탄이나 고가주택 보유세, 거래세 부담에 집을 정리해야 할지, 끝까지 끌고 가다 증여를 해야 할지 머리가 지끈거린다고 한다.

마땅히 투자할만한 부동산의 대체상품도 없다 보니, 주택시장에 머문 돈이 떠날 줄 모르고, 주택시장 자체는 갖가지 규제로 지뢰밭처럼 변해 설 곳이 만만찮다 보니, 실패하지 않을만한 안전한 지역과 상품으로 너도나도 몰리는 현상은 점점 더 강해지고만 있다.'

이 칼럼을 보다 보면 이 글이 2021년에 쓴 것인지, 2006년에 쓴 것인지 헷갈릴 것입니다. 시장의 사이클이 반복되듯이, 사람들의 고민도 되풀이되는 셈입니다. 그 시기를 반추해 보면 가장 절실했던 것이 지금 내가 어느 위치에 있는지, 앞으로 무엇을 해야 할지 알려주는 투자의 나침반이었습니다.

돌이켜보면 그래도 많은 사람이 아무것도 못 할 것 같다고 생각했던 그때가 좋은 기회였습니다. 위 기사가 나온 이후에도 서울 뉴타운, 경기도와 인천의 뉴타운, 오피스텔, 상가, 도시형 생활주택 및 아파트형 공장(현 지식산업센터), 단독주택, 마지막으로 규제 완화로 인한 지방 투자 개시까지 기회는 계속 이어졌습니다. 아무것도 못 할 것 같은 시장에 할 것은 참 많았습니다.

정부의 규제, 수요 및 공급의 변화, 즉 이런 변화들은 투자 환경을 바꾸어 놓았습니다. 그 환경에 적응하는 것은 우리 투자자들의 몫입니다. 어제와 같은 기준으로 내일의 투자를 생각하기는 힘듭니다.

'무엇을 해야 할까?', '앞으로 어떻게 움직여야 하나?' 이렇게 예전처럼 고민이 많아진 현시점의 투자자들에게 김학렬 소장님과 블루999님이 공들여 쌓은 정보는 좋은 나침반이 되어줄 것입니다.

특히, **이 책은 이제 막 투자를 시작한 젊은 분들에게 효용성이 매우 크다고 생각합니다.** 저도 예전 처음 투자를 시작했을 때 그러했지만, 처음 부동산 투자를 시작하면 낯선 용어와 지역, 그리고 쉽게 가늠할 수 없는 리스크에 대한 불안감을 마주하게 됩니다. 하지만 이 책은 어렵지 않고 구체적으로 차근차근 시장과 상품에 접근하는 방법을 알려줍니다.

저는 김학렬 소장님과 블루999님의 시장과 현장에 대한 헌신적인 자세와 노력을 누구보다 가까이서 지켜보는 사람 중의 한 명입니다. 매달, 매주, 매일, 매시간을 오로지 시장과 현장에만 몰두해온 두 분의 이야기를 책을 통해 만난다면 처음 시작하는 투자자라면 엄청난 시간을 절약하는 효과를 가져올 것입니다.

투자라는 것은 마인드를 고쳐잡는다고, 욕망을 키운다고 하루아침에 쉽게 되지 않습니다. 가령 이제껏 몰랐던 길을 달린다고 칩시다. 아무리 용기를 낸다고 해도 길을 헤매는 것은 어쩔 수 없습니다. 그런 분들이 이 책을 읽는 것은, 처음 가보는 길에서 내비게이션을 켜는 것과 같은 효과를 얻을 수 있다고 생각합니다.

하나의 시장은 수많은 현장이 결합해서 만들어집니다. 물론, 시장에 영향을 주는 요소는 거시경제와 유동성, 공급물량까지 여러 가지가 있지만, 결국 사고파는 투자 행위는 내 발로 걸어보고, 내 눈으로 확인한 현장 정보가 중심이 됩니다. 나머지는 그것을 거들 뿐이지요.

이 책을 읽으면 다음의 투자처를 찾을 때도 도움이 될 것입니다. 어느 상품이나 지역이 상승할 때엔 모두 합당한 이유가 있습니다. 그런데 이유가 충분하다고 그 상품이나 지역이 바로 오르지는 않죠. 시장의 상승 특히 큰 폭의 가격 오름은 마른 낙엽이 쌓이듯 상승의 이유가 충분히 적립된 지역이나 상품에 정부의 정책이나 규제 변동 등 어떤 계기, 즉 불씨가 주어질 때 일어납니다. 이 책은 어떤 계기로 언제부터 어떤 상품이 주목을 받았는지 기록되어 있습니다. 그 과정을 앞으로 일어날 시장의 변화에 대입해 보면, 투자의 지각생도 우등생이 될 수 있다고 생각합니다.

요즘 들어 지금 시점이 상승장의 후반이라는 말을 많이 들을 것입니다. 사실 현재 시장의 여러 증상을 보면 그 말이 틀린 것은 아닙니다. 관건은 후반전이 얼마나 갈 것인지의 여부겠지요. 상승장의 후반전이 전반전과 같은 시간이 되어야 한다는 법칙은 없습니다. 전반전보다 짧을 수도, 길 수도 있는 것이 상승장의 후반전입니다.

후반전의 끝은 시장의 환경이 충분히 변한 후에 찾아옵니다. 우선 시장에서 가장 중요한 요소로 꼽는 공급을 보면, 수도권의 경우엔 강남권과 경기도권의 입주 물량이 다시 증가하는 2023년 후반까지는 현 흐름이 유지될 것이라는 시각이 많습니다. 적어도 현재 시장을 흐르는 강물의 흐름은 한동안 방향의 유지가 예상되는 셈입니다. 물론 수급의 상황이 좋다고 해도 유동성과 글로벌 경기의 변동이 향후 강의 흐름을 막는 둑 역할을 할 가능성도 있습니다. 이 역시 앞으로 잘 살펴보아야 할 부분입니다. 그래도 당분간은 상승장의 후반전이 남아 있다고 생각할 수 있습니다.

후반전에는 전반전보다 더 빠른 템포로 시장의 변화가 발생합니다. 이는 시장에 참여하는 투자자들의 수가 증가하는 것이 원인일 수도 있고, 아파트만이 아닌 여러 다양한 상품과 소외당하는 지역까지 이른바 갭 메우기가 발생하는 원인도 있습니다. 어느 정도 빈틈이 메워졌다고 말하는 지금도 잘 살펴보면, 어떤 지역과 상품은 이미 가격이 미래에 도달했지만, 다른 지역과 상품은 아직도 가격이 10년 전 과거를 넘지 못하는 예도 있습니다.

저는 시장에 대해 '늘 균형을 향해 움직이는 불균형의 집합'이라는 표현을 즐겨 씁니다. 가격에 불균형이 발생하면 균형을 향해 갭 메우기와 순환매가 발생하고, 그 갭이 메워지면 시장은 다시 불균형을 향해 움직이는 경향이 있습니다.

지금은 아직 그 불균형의 갭이 충분히 메워지지 않은 상황입니다. **따라서 후반전이라 해도 여전히 기회는 남아 있습니다.** 우리가 할 일은 그 불균형이 남아 있는 곳을 찾는 것이죠.

정부의 정책 변화도 후반전을 숨 가쁘게 만드는 중요한 요인입니다. 현재의 상승이 유동성 과다에서 온 것이든, 공급 부족에서 온 것이든 어떻든 간에 정부에 대한 시장의 요구는 '공급 증가', 이 한 마디로 귀결됩니다. 이것은 지난 장도 마찬가지였죠.

그리고 공급 증가는 필연적으로 개발의 증가를 불러옵니다. 특히, 서울과 수도권은 가용할 만한 택지가 많지 않다 보니, 재건축이나 재개발 등을 촉진하는 공급책이 나오기 마련입니다. 마른 낙엽이 쌓이듯 상승 심리가 적립된 시장에 이렇듯 개발을 통한 공급책의 도입은 곧바로 시장 상황의 변주로 나타납니다. 과거 장에서 나타났던 뉴타운 열풍과 초기 재개발 바람이 이번 장에서도 가능해지는 것이죠. 최근 나타났던 '썩빌' 투자 열기도 그런 맥락에서 비롯된 것입니다.

시장에서 돈은 항상 빈틈을 찾아 흐르는 성격을 가집니다. 이 책에서 다루어진 상품과 지역은 그 '빈틈'의 의미를 잘 가졌던 것들입니다. 그 맥락을 잘 더듬어 보면 앞으로 우리가 찾아갈 '빈틈'에 대한 힌트도 충분히 얻을 수 있다고 생각합니다.

이 책의 서문 말미에서 김학렬 소장님은 새삼스럽게 공부를 하자고 강조합니다. **투자자금이 모자랄수록 리스크가 높은 상품을 살 수밖에 없으니 그 리스크를 낮추기 위해서는 더욱 치열하게 공부해야 한다고 강조합니다.**

너무나 당연한 말이지만 이 시점에서 보면 가장 중요한 말이기도 합니다. 시장에 늦게 뛰어든 분을 보면 마음이 급하다 보니 다른 투자자들의 말에 쉽게 흔들리거나, 아직 잘 모르는 상품이나 지역을 우선 투자해 놓고 그다음에 공부하자는 경우가 많습니다. 이런 분에게 열심히 공부하지 않으면 위기가 반드시 다가오니 우선 공부부터 열심히 하라고 말한다면 공자님 말씀에 지나지 않을 것입니다. 현장에 서면 조바심에 심장부터 빨리 뛰는데, 원칙을 강조해 봐야 지나가는 어사에 불과하겠죠.

오늘부터는 그분들에게 이 책을 읽으라고 말해주고 싶습니다. 공부할 시간조차 부족할 정도로 마음이 급하다면, 이 책을 통해 가장 빨리 효율적으로 공부를 마치라고 권하고 싶습니다.

가장 필요한 시점에 가장 어울리는 내용의 책을 펴낸 두 분에게 투자자들을 대신해 감사의 인사를 드리고 싶습니다. 앞으로도 현장을 묶어내 시장을 펼쳐줄 두 분의 활약을 기대합니다.

— 트루카피(동국대학교 미래융합교육원 겸임교수)

목차

갭 투자, 한다면 어떤 리스크를 헷지해야 하는가?

PART 1

PART 2

썩빌, 문재인 정부 이후 가장 핫한 투자 트렌드

PART 3 오피스텔, 신축 아파트의 대안

PART 4

주거 규제 풍선 효과로
재부각되는 투자 트렌드

갭 투자, 한다면 어떤 리스크를 헷지해야 하는가?

갭 투자란?
누가, 어떤 목적으로 매수하는가?

Chapter 1

킬링 포인트 갭 투자는 부정적인 용어가 아닙니다. 정책의 프레임이었을 뿐입니다. 갭 투자는 실사용 목적이 아닌 모든 부동산 투자에 적용할 수 있습니다. 아파트는 물론, 다세대, 빌라, 오피스텔, 상가, 지식산업센터, 심지어는 토지까지도 적용할 수 있습니다. 갭 투자는 누가 어떤 목적으로 매수하는지를 파악해야겠지만, 그 전에 해당 부동산을 누가 실제로 사용할 것인가에 대한 깊이 있는 파악이 선행되어야 합니다.

지금부터 다양한 부동산 시장의 투자 트렌드를 알아보려고 합니다. 가장 먼저 알아볼 트렌드는 바로 갭(Gap) 투자입니다. 갭 투자는 다양한 부동산 상품에 활용할 수 있습니다. 갭 투자 자체로도 하나의 대표적인 투자 트렌드로 볼 수 있지만, 응용해서 다른 투자 방식으로 재탄생할 수도 있습니다.

그렇다면 도대체 갭 투자란 무엇일까요? 주택을 먼저 예를 들어

보겠습니다. 갭 투자란 주로 시세차익을 목적으로 주택의 매매 가격과 전세금의 차액이 적은 부동산을 임차인, 즉 세입자의 전세 자금을 레버리지로 매수하는 것을 의미합니다. 여기서 매매 가격과 전세금의 차이를 통상적으로 갭이라 부르는 것이죠.

─ 갭 투자의 장점과 단점

갭 투자의 장점을 3가지로 정리하면 다음과 같습니다.

첫째, 매수자 입장에서는 실제 투자 금액이 전체 매매가에서 전세금만큼을 뺀 금액이 투입 금액이 되니 **레버리지만큼의 초기 투자금에 대한 부담을 낮출 수 있다**는 게 가장 큰 장점입니다.

둘째, 임대차 기간이 끝난 후 재계약을 하거나 다른 세입자를 새로 들일 때 전세금이 상승할 경우 그 **상승분만큼 투자금을 회수할 수 있습니다.**

셋째, 결국 매도 시점에 매수 가격 대비 집값이 상승한 만큼 시세 차익을 볼 수 있다면 성공한 투자가 됩니다. 투자 기간 내에 전세금 상승으로 투자 금액 전체를 회수하게 되면 **수익률은 무한대가 될 수도 있죠.** 그래서 가장 인기 있는 부동산 투자 방법이 되었습니다.

하지만 완전히 안전한 투자 방법은 아닙니다. 임대차 기간 내에도

역전세(이전 전세가 대비 전세 시세가 하락하여 하락한 만큼의 전세금을 되돌려 주는 경우)가 발생하면 추가 투자금을 더 지불해야 할 수 있습니다. 가장 큰 리스크는 매도 시점에 매수 시세 대비 매매 가격이 하락하게 되면 고스란히 손해를 볼 수 있다는 점입니다. 심할 경우 아무리 가격을 낮추어도 매수자가 등장하지 않을 수 있습니다. **간혹 매매가 하락 정도가 심해서 매도 시세보다 전세가가 더 높은 경우도 종종 발생합니다.** 무피 투자(투자 금액이 전혀 투여되지 않는 투자)로 무한대의 이익을 볼 수도 있지만, 큰 손해를 보면서도 매도할 수 없을 수도 있다는 리스크도 존재한다는 것이지요. 가장 인기가 많은 갭 투자도 어느 정도의 리스크가 존재한다는 것을 잊어서는 안 됩니다.

갭 투자의 가장 큰 장점은 다른 투자보다 레버리지 효과가 높다는 것이라고 말씀드렸습니다. 레버리지를 이용한 투자의 특징은 큰 수익을 실현할 수도 있지만, 손실을 볼 때 그 손실액도 커진다는 점도 알려드렸습니다. 분명 위험 부담이 존재하는 투자 방법임은 틀림없죠. 그래서 그 위험, 즉 리스크를 어떻게 헷지할 수 있을까를 늘 고민해야 합니다. 결국, 갭 투자는 매수·매도 타이밍이 가장 중요한 것이죠. 최적의 매수·매도 타이밍을 선정하기 위해서는 과거 사례를 꼼꼼하게 분석하여 전략을 세울 필요가 있습니다.

— 지난 10년간 갭 투자의 추이

그럼 지금부터 갭 투자가 가장 성행했던 시기의 주요 사례들을 정리해 보겠습니다. 자본주의 사회에서 시장의 가격은 수요와 공급의 법칙에 따라 결정됩니다. 그렇다면 수요와 공급의 매칭이 어떻게 되고 있는지 과거의 사례를 살펴보겠습니다.

(만원/3.3㎡)

아파트 평당 가격

지역	2006년	2007년	2008년	2009년	2010년	2011년	2012년	2013년	2014년	2015년	2016년	2017년	2018년	2019년	2020년
서울특별시	1,802	1,841	1,796	1,917	1,869	1,825	1,698	1,663	1,709	1,819	1,985	2,252	2,803	3,106	3,658
경기도	1,054	1,058	994	1,013	983	983	936	931	958	1,019	1,059	1,106	1,207	1,259	1,603
인천광역시	669	765	833	840	826	811	784	780	808	867	907	940	959	985	1,171

(세대)

아파트 입주 물량

지역	2006년	2007년	2008년	2009년	2010년	2011년	2012년	2013년	2014년	2015년	2016년	2017년	2018년	2019년	2020년
서울특별시	49,780	37,890	57,341	29,881	35,022	37,585	20,336	20,546	38,340	25,055	26,830	28,614	37,484	49,084	49,435
경기도	92,838	75,895	88,152	111,210	116,450	61,194	64,329	50,146	52,907	70,406	92,767	133,318	170,149	143,039	122,724
인천광역시	13,851	30,699	14,315	12,919	23,282	22,660	26,356	10,827	10,951	13,163	10,207	19,381	23,485	17,341	17,821

저	중	고

출처: 부동산114

2008년 금융위기 이후, 2012년까지 수도권의 부동산 시장이 침체기를 겪고 매매보다는 전세를 찾는 사람들이 증가했습니다. 주택 가격이 더 하락할지 모른다는 공포로 인해 매수하려는 사람들이 적어지고, 상대적으로 안전하다고 판단되는 전세 매물을 찾는 사람들이 늘어난 것이죠. 결국, 이 수요층들이 급증하여 **2013년**과 **2014년**에 부동산 전세가가 급격하게 상승합니다. 전세가가 상승하면 통상적으로 매매가가 올라갑니다. 그 타이밍 직전에 갭 투자가 증가하게 된 것이죠.

특히, 2014년 전후로 갭 투자가 크게 증가할 수 있었던 원인은 전세가가 상승한 것이고, 전세가가 쉽게 상승할 수 있었던 원인 중에서는 **전세자금대출의 증가가 큰 영향을 주었습니다.**

전세 시세가 상승하고 전세자금대출이 활발해지면서 시장에서는 갭 투자가 본격적으로 활성화되었습니다. 매매 수요보다 전세 수요가 더 많이 증가하다 보니 전세가가 오르고 매매가는 오르지 않는 타이밍이 된 것이죠. 그렇게 전세가와 매매가의 차이인 갭이 줄어들자, 이전보다 적은 비용으로 집을 매수할 수 있게 되었기 때문입니다. 2008년 이후 주택 시장이 좋지 않았기 때문에 공급 물량이 크게 감소하였습니다. 결국 구축이라 하더라도 증가하는 수요 때문에 주택 가격이 상승할 수밖에 없다는 전망에 투자자들은 베팅한 것이고, 전세 레버리지 투자자들이 급증한 것이죠. 2014년 이후 실제로 집값이 크게 상승하는 현상이 벌어졌고, 갭 투자는 대표적인 부동산 투자 트렌드이자 가장 리스크가 낮은 투자 방식으로 자리 잡게 되었습니다.

결국, **2016년**까지 갭 투자가 유행하고 2016년 11월에 시세 상승이 높았던 지역들 위주로 **조정대상지역 규제**가 시작됩니다. 2017년 5월에 문재인 정부가 들어서면서 규제는 더 심해집니다. 투기지역, 투기과열지구를 지정하여 사상 초유의 다주택자 규제가 진행되자 사실상 규제지역 내 전세 레버리지 투자가 주춤하게 됩니다. 하지만 규제지역 내 시세는 계속 상승하게 됩니다. 전세 레버리지 투자는 줄었지만, 그동안 매매에 소극적인 세대들의 실수요 매매가 급격히 증가하게 된 것이죠. **2017년 이후**의 시장은 투자 수요보다 **실수요 증가로 인하 매매가가 상승한 시장**으로 봐야 합니다. 그렇게 4년 동안 계속 매매가가 상승하게 되죠.

그런데 **정부와 시장의 예상과는 다른 방향의 투자가 진행되었습니다.** 지난 4년간의 집값 폭등이 오히려 갭 투자를 활성화하는 기폭제 역할을 하게 됩니다. 이유는 정부에서 계속해서 내놓은 대출 규제와 실거주 조건 강화라는 시장의 현실을 반영하지 못한 정책 때문입니다. 2019년 발표된 12·16 대책으로 15억 원 이상 수도권 아파트는 주택담보대출이 불가능하고, 9억 원 이상 주택 역시 대출 규모가 크게 축소되었습니다. 15억 원 이상의 아파트를 매수하려면 온전히 현금을 소유하고 있는 세대만 가능했고, 15억 원 이하의 아파트 매수를 희망하는 세대조차도 금액에 따라 주택담보대출 비율이 감소하거나 대출이 불가능한 경우가 많아 상급지나 상급 상품으로의 이동이 어려워진 것입니다.

이 상황에서 새로운 부동산 투자 트렌드가 발생했으니, 바로 많은 사람들이 **현재 자신이 사는 집보다 더 좋은 집으로 이사를 가기 위해서 갭 투자를 시작하게 됩니다.** 향후에 15억 원 이상 대출이 허용되리라 기대하는 사람들이 전세나 반전세로 살면서 살고 싶은 집을 미리 세입자를 끼고 집을 사두는 형국이 된 것이죠. 그렇게 투자자와 수요자 가릴 것 없이 수도권 인기 지역의 갭 투자는 여전히 진행되고 있습니다.

결국, 현재 부동산 정책들은 다주택자는 물론이고 실수요를 목표로 집을 매수하려고 하는 세대들조차 규제로 매수를 억제하고 있습니다. 그렇게 2020년에 발표한 6·17 대책과 7·10 대책으로 매수자들은 위축됐습니다. 이 대책에는 규제지역 확대와 취득세 중과 항목이 포함되어 있어서 수도권 부동산 투자는 얼어붙을 수밖에 없었습니다.

하지만 여기서 역으로 취득세 중과에서 배제되어 풍선 효과를 얻은 지방의 부동산들로 매수세가 옮겨가기 시작했습니다. 특히, **규제가 거의 없는 공시지가 1억 원 이하의 매물들이 대홍행**하기 시작했죠.

지방의 공시지가 1억 원 이하의 매수세는 매물이 많고 적음에 따라 흥행 정도는 차이가 있었지만, 전국 곳곳 들어가지 않은 곳이 없다 해도 과언이 아닙니다. 청주, 김해 등 지역에 상관없이 투자 열풍이 불기 시작했고, 심지어 기존에 투자자들이 신봉하던 수요와 공급 호재와 악재 등의 요건조차 개의치 않고 갭만 작다면 매수하는 추세도 더욱 강해졌습니다.

아무래도 **실제 투자금이 적어 시장 참여 모집단이 많다 보니,** 2020년 하반기에 이어 2021년 상반기에도 가장 흥행한 투자 상품으로 파악되었습니다. 물론 절대 매물의 수가 적다 보니, 한정된 매물을 확보하기 위한 경쟁도 치열했고, 일시적으로 매수하고 전세를 세팅하기 위해 시장에 내놓은 임차 물건이 증가했습니다. 그렇다 보니 전세가 늘어나 전세가가 하락하여 매매가와 전세가의 갭이 벌어지거나 전세가를 아예 맞추지 못해 공실로 방치되는 등 투자 상황이 좋지 않아 고전한 지역들도 존재합니다. 또한, 이렇게 매매가와 전세가의 갭이 벌어지면 투자 매수세가 타 지역으로 빠르게 이동하게 됩니다. 아무래도 조건에 부합하는 매물을 먼저 획득하기 위해 투자자들의 이동 속도가 더 빨라지는 것이죠.

이런 흐름은 2021년 하반기에도 유사한 흐름으로 진행될 것입니다. 어디든 전세가가 상승하여 갭이 좁혀지는 지역은 대체적으로 매수세가 유입될 것이라는 의미죠.

─ 갭 투자 시 체크 포인트

물론 투자 시 조심해야 할 체크 포인트들이 존재합니다. 현재는 공시지가 1억 원 이하 주택은 취득세 중과 규제를 받지 않지만, 만약 새로운 부동산 대책으로 1억 원 미만 주택도 규제 대상으로 지정된다면 이런 투자 활동은 위축될 가능성이 크죠. 아직까지 정부에서 한번도 규제하지 않았고 하겠다는 검토도 없었으며, 내년 대선과 선거를 앞둔 현 시점에서도 **추가적인 규제**를 감행할지는 알 수 없습니다. 하지만 투자라고 하는 것이 100% 확률로 시도하는 경우는 없습니다. 늘 출구 전략을 마련해야 하는 것이죠.

최근에는 전월세 신고제, 전월세 상한제, 계약갱신청구권제 등을 핵심으로 한 임대차 3법에 따라 전세가가 상승하면서 다시 전세 레버리지 갭 투자가 일부 지역에서 활성화된 모양새를 갖추기도 합니다. 물론 전세를 찾는 사람들이 많아지는 성수기에는 거래가 많아졌다가 비수기에는 다시 잠잠해지는 경우도 있으니 일시적인 현상인지 지속될지는 꼼꼼하게 검토해야 합니다.

이 책을 읽고 있는 시점 이후에도 전세 성수기에 맞춰 전세가 상승을 노린 갭 투자자들의 움직임이 있을 것으로 보입니다. 정말 **꼭 이**

사해야 하는 실거주 수요층의 이동이 몰리면 전세가가 상승하기에 이 시기에 맞춰 전세를 세팅하는 갭 투자를 하기도 합니다. 하지만 이 시기를 제대로 맞추지 못한다면 2020~2021년 초까지의 성남 분당구처럼 입주 물량이 쏟아져 나와 기존 아파트들의 전세가가 하락하여 목표했던 전세가를 맞추지 못해 갭 투자자들이 고전한 사례도 존재하기에 **늘 입주 물량의 여부를 체크해야 합니다.**

입주 물량이 많을 경우에 전세가는 하락할 수 있어도 매매가는 오히려 상승하는 경우도 꽤 많습니다. 만약 전세가가 상승하는 폭보다 매매가가 상승하는 폭이 크다면 갭 투자는 어려워집니다. 현재 특정 지역에서 매매가와 전세가의 갭이 커질 조짐이 보인다면 다른 전략을 고려해야 합니다. 투자 지역을 변경하거나 해당 지역 내 조건에 맞는 상품을 찾아야 합니다. 만약 조건을 변경해도 투자할 만한 대상이 보이지 않으면 투자를 중단해야 합니다. 늘 투자를 해야 하는 것은 아니니까요. 이런 의미에서 지금부터 몇몇 지역을 예로 들어 가까운 과거에 있었던 사례와 현장의 목소리를 소개하고자 합니다.

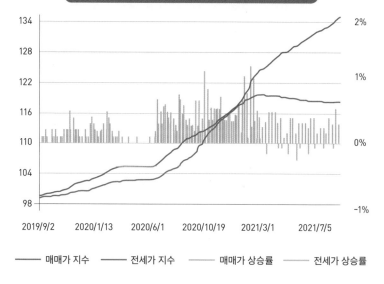

매매/전세 가격 변동의 예(경기 성남시 분당구)

── 매매가 지수 ── 전세가 지수 ── 매매가 상승률 ── 전세가 상승률

출처: KB부동산

상급지로 점프하려는 수도권 실수요자들의 증가

Chapter 2

킬링 포인트　수도권은 실거주 수요가 많습니다. 갭 투자 타이밍을 놓쳐도 다음 타이밍을 노릴 수 있기도 하지만, 문제는 만약 입주 물량이 많다면 그 타이밍이 오지 않을 수 있습니다. 따라서 경쟁 입지에 대규모 입주 물량 이 있는지 수시로 체크해야 합니다.

실제 사례입니다. 서울 중위권 지역 준 신축 아파트에 살던 세대 가 그 아파트를 매도한 후에 **양도소득세를 내고 주택담보대출을 상 환하고 나면, 상급지는커녕 매도한 아파트를 다시 매수할 수도 없기 때문에** 더 낮은 급지, 더 낮은 가격의 아파트를 선택할 수밖에 없는 사례가 꽤 많이 발생하고 있습니다. 상급지로 갈 수 없는 가장 큰 이 유는 바로 대출규제 때문인데요. 15억 원 이상의 아파트는 아예 주택 담보대출이 실행되지 않아 실제로 상급지로 점프하기는 고사하고, **대출을 상환하고 다시 대출을 받아야 하는 경우는 여유 저축 자금 이 없다면 동급지로 이동하는 것도 불가능해졌습니다.** 물론 15억 원 이상의 고가 아파트만 해당하는 일이니 나와는 관계없다고 생각하는 분들도 있을 겁니다. 하지만 이 숫자가 점점 증가하고 있다는 것이 문제입니다. 현재 서울 아파트 중위 가격이 11억 원입니다. 서울뿐이 아닙니다. 최근 몇 년간 아파트 가격이 빠르게 상승하면서 수도권 중심지 아파트는 거의 대부분 대출규제 조건에 해당된다고 봐도 됩니다. 그렇기 때문에 내 일이 아니라고 단정적으로 제외해 버리면 안 됩니다.

─ 실거주를 위한 갭 투자의 이유

결국, 상급지로 점프하려는 실수요자들은 차후 15억 원 이상 부동산의 대출이 재개되기를 기대하면서 전세 레버리지, 즉 세입자를 끼고 미리 집을 사두는 갭 투자를 활용하는 것입니다. 이러한 갭 투자 트렌드가 다시 움직이는 가운데, 임대차 3법이 실시됩니다. 아시겠지만 임대차 3법 실시 후 전세 매물이 급감함에 따라 전세 가격은 천정부지로 상승하게 됩니다. 결국, 매매가 대비 전세가가 더 크게 오르는 상황이 되자 전세 레버리지 갭 투자가 다시 증가하고 있습니다.

정부는 결국 마지막 카드를 꺼내 듭니다. 부동산 규제의 끝판왕, **토지거래허가구역 지정**이 바로 그것이죠. 해당 지역 내 모든 부동산은 허가를 받아야 매수할 수 있습니다.

서울시 토지거래허가구역 지정현황: 50.27㎢(시 면적 605.24㎢의 8.31%)			
지정권자	지정구분	지정기간	면적(㎢)
합계			50.27
서울 특별 시장	소계		47.29
	강남구(개포, 세곡, 수서, 율현, 자곡, 일원, 대치)	2021.5.31.~2024.5.30.	6.02
	서초구(내곡, 신원, 염곡, 원지, 우면, 방배, 서초, 양재)		21.27
	국제교류복합지구 및 인근지역 (강남구 삼성·청담·대치동, 송파구 잠실동)	2021.6.23.~2022.6.22.	14.4
	공공재개발 후보지(기존) 8곳 (종로, 동대문, 강북, 영등포, 동작, 관악)	2021.1.26.~2022.1.25.	0.13
	공공재개발 후보지(신규) 16곳 (노원, 강동, 동작, 성동, 종로, 양천, 서대문, 송파, 동대문, 중랑, 성북, 영등포)	2021.4.4.~2022.4.3.	0.9
	주요 재건축단지 등(양천, 영등포, 성동, 강남)	2021.4.27.~2022.4.26.	4.57
국토부 장관	소계		2.98
	강서구(오곡동)	2020.12.26.~2021.12.25.	0.02
	강서구(과해, 오곡, 오쇠동)	2021.5.13.~2022.5.12.	2.19
	용산구(이촌, 한강로 1, 2, 3가, 용산동 3가)	2021.5.20.~2022.5.19.	0.77

출처: 서울특별시 홈페이지

현재 소위 '삼·청·대·잠'이라 하는 삼성동, 청담동, 대치동, 잠실동이 토지거래허가구역으로 지정되어 있습니다. 기존 집을 소유하고 있는 세대의 경우 해당 지역의 집을 추가로 매수할 수 없으며, 무주택자라 하더라도 실거주 목적이 아니면 매수 허가가 나지 않습니다. 즉 **전세를 끼고 매수할 수 없습니다.** 결국, 실수요층들이 당장 실입주하려는 경우, 토지거래허가를 받지 않아도 되는 **인근 지역으로 선택지를 변경합니다.** 삼성동, 청담동, 대치동을 희망하는 사람들은 역삼동, 도곡동으로, 잠실동을 희망하는 사람들은 신천동, 가락동 쪽으로 매수 아파트 입지를 바꾸는 것이죠. 도곡동 도곡렉슬, 타워팰리스가 구축임에도 불구하고 꾸준히 상승하는 이유와 신천동 파크리오와 가락동 헬리오시티의 시세가 최근 크게 상승한 이유가 여기에 있습니다.

출처: 네이버 부동산

출처: 네이버 부동산

— 헬리오시티와 파크리오

그렇다면 지금부터 2018년 12월에 완공된 재개발 단지인 헬리오시티와 2008년 완공된 파크리오의 사례를 살펴보겠습니다. 단일 필지 아파트 중에서는 대한민국 최대 세대 수를 자랑하는 아파트입니다. 최근 두 단지를 동시에 헬리오 파크리오라고 부르기도 합니다. 현재 많은 실수요자들이 헬리오 파크리오에서 서울의 강남권으로 진입하는 기회를 찾고 있습니다.

먼저 **헬리오시티**를 살펴보면, 2021년 초부터 전세 매물이 매우 희귀해지면서 전세가가 빠르게 상승하기 시작했습니다. 한동안 갭이 10억 원 이하로 좁혀지면서 매수세 유입이 증가했습니다. 앞으로도 **잠**

헬리오시티(2018년 12월 입주, 총 9,510세대)

임장 조사 날짜: 2021년 7월 30일

실동이 토지거래허가구역으로 묶여 있는 동안 성수기, 비수기의 전세가 등락에서 이런 패턴이 반복될 것입니다. 아마도 그 등락에 맞추어서 전세 레버리지를 활용하려 매수하려는 층들도 계속 거래를 이어가겠지요.

실제 거래 비수기인 휴가철임에도 7월 말 개중 작은 평수 위주로 몇 건의 계약이 진행되었습니다. 평균적으로 25평형은 9억 원 선의 갭으로 계약됐고, 33평형은 10.5억 원 수준의 갭으로 거래되기도 했습니다. 헬리오시티로 이동하는 수요층들은 주로 마포구나 강동구 고덕이나 위례 신도시 등의 입지에서 거주하던 실거주 수요자들입니다. 상급 입지로 이동하려는 대표적인 수요층들이지요.

다음으로 **신천동 파크리오** 단지의 사례를 살펴보겠습니다. 파크리오 단지는 2008년 완공된 단지로 약 6,864세대의 대형 아파트입니다. 잠실 파크리오 단지도 헬리오시티와 마찬가지로 분석 포인트는 갭의 차이입니다. 2021년 9월의 호가는 23~26억 원 전후로 형성되어 있고, 갭도 10억 원 전후로 형성되어 있습니다. 헬리오시티와 마찬가지로 특별한 시장 급냉 이슈가 없는 이상, 이사 성수기에는 전세가 상승이 예상됩니다. **여기서 주목해야 할 포인트는 매매가 추이입니다.** 전세가 상승하면서 매매가도 역시 같이 오를 가능성이 있는 만큼 역시 중요한 건 그 갭 차이겠죠. 하지만 늘 그렇듯이 전세 비수기와 성수기를 비교하여 따져봐야 합니다.

파크리오(2008년 8월 입주, 총 6,864세대)

임장 조사 날짜: 2021년 7월 30일

지방의 갭 투자는 수도권이 아니어도 기회는 많다

킬링 포인트 지방은 수도권 실거주 수요가 적습니다. 투자층의 이동이 가장 중요한 포인트입니다. 결국, 대한민국 경제와 무관하게 투자자들의 진입, 이탈 여부로 해당 지역의 시세 등락이 결정되는 경우가 많기 때문에 갭 투자 타이밍을 잘 맞추어야 합니다. 따라서 매수·매도 사이클이 수도권과 비교해서 짧습니다. 따라서 매수·매도 타이밍을 놓치면 상투를 잡고 비자발적 장기 투자를 해야 할 수도 있습니다. 그래서 투자자들의 움직임에 촉각을 곤두세우기 바랍니다.

6·17 대책 이후로 수도권에서는 갭 투자 진행이 이전 시기보다 대단히 어려워졌습니다. 투자가 아닌 실거주 목적으로도 더 좋은 상급지로 이사 가는 것이 힘들어진 경우도 많다고 말씀드렸습니다. 그래서 수도권의 투자 수요가 지방으로 이동한 사례가 꽤 많이 발생하였습니다. 최근에는 **지난 10여 년 동안 거의 오르지 않은 지역인데 투자자들이 몰리면서 매매 시세가 크게 오른 경우도 꽤 됩니다.** 이는

44 ♀ PART 1 갭 투자, 한다면 어떤 리스크를 헷지해야 하는가?

풍선 효과입니다. 풍선의 한쪽을 누르면 다른 쪽이 튀어나오는 것처럼 어느 한 지역의 투자가 막히게 되면서 다른 지역으로 투자층이 이동한 것이지요.

수도권에서 투자가 거의 불가능해지자, 투자층들은 투자 대상의 지역을 지방으로 돌리게 됩니다. 그중에서도 흔히 공주가, 즉 공시주택가격 1억 원 이하의 매물은 특히 더 세간의 주목을 받았습니다. 수도권과 비교해서 리스크가 큰 시장이기 때문에 투자에 실패했을 때에도 큰 타격을 받지 않기 위한 일종의 리스크 헷지 수단일 수도 있습니다. 그렇게 지방에서 소액 아파트에 투자하는 것이 유행했고, 지난 1년간 Part2에서 설명드릴 썩빌 투자와 가장 뜨고 있는 투자 트렌드로 현재도 진행되고 있습니다.

충청북도 청주시(임장 조사 날짜: 2021년 5월 11일)

지방 갭 투자 스터디 사례로 가장 먼저 공부해 볼 지역은 청주입니다. 투자자들은 충청권에서 유일하게 분양가보다 시세가 낮고 규제가 없는 청주를 타깃으로 잡았습니다. 여기에 두 가지 큰 요인이 더 존재합니다. 먼저 **청주는 매매 가격 대비 전세금의 비율인 전세가율이 높아 갭 투자하기가 쉬운 도시였습니다.** 도시에 장기 미분양 아파트가 많아지면서 자가 대신 전세 거주자가 많아 전세가율이 높았던 것이죠. 또한, 공주가 1억 원 이하의 매물이 많아 세금 부분에서 이점이 존재했습니다. 이런 탓에 투자자들은 청주로 시선을 돌리기 시작했죠.

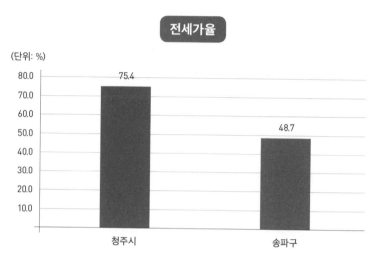

전세가율

(단위: %)

출처: 부동산114, 2021년 8월 기준

청주시에 2019년 말부터 투자자들이 유입되었습니다. 특히, 오창 지역에 방사광가속기 설치가 확정되면서 투자자 유입이 가속화되었습니다. 한국부동산원에 따르면 2020년 1월에서 10월 사이 청주 아파트의 한 달 평균 거래량은 3,000건 내외였으나 11월에는 4,200건이 넘었고 12월에는 6,878건으로 늘었다고 합니다. 특히, 외지인 거래가 급증하면서 발생한 결과였죠. 기존 아파트 거래뿐 아니라 미분양 아파트 물량도 줄어들었고, 신규 분양 아파트에도 프리미엄이 붙기 시작했습니다.

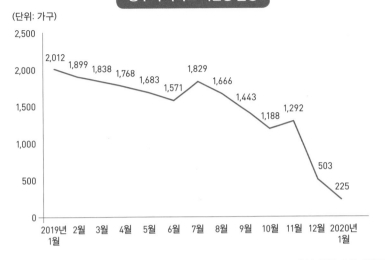

청주시 아파트 미분양 물량

(단위: 가구)

2,012 1,899 1,838 1,768 1,683 1,571 1,829 1,666 1,443 1,188 1,292 503 225

2019년 2월 3월 4월 5월 6월 7월 8월 9월 10월 11월 12월 2020년
1월   1월

출처: 청주시 홈페이지

2021년 3~4월경에 투자자들이 또 다시 유입되면서 청주 갭 투자에 관심을 보이는 투자자들도 증가하였습니다. 이미 3~4월에 많은 사람이 매수했음에도 불구하고 여전히 청주에는 소액 투자층들이 존재하고 있었습니다. 스마트튜브 부동산조사연구소에서 지난 8월 조사한 인터뷰 자료에 의하면, 청주 소액 투자층들은 **'아직 청주 아파트의 가격이 세종이나 대전, 천안에 비해 시세가 절대적으로 낮기 때문에 더 올라갈 여지가 남았다'**라고 말합니다. 그래서 여전히 매력적인 소액 투자처라고 이야기합니다. **하지만** 이 의견에 대해서는 다음의 청주시 동별 투자 현황들을 읽어본 후에 직접 판단하길 바랍니다.

투자자들이 대거 유입된 3~4월에 대비해서 체감 상승액은 총액으로 500만 원에서 1,000만 원 수준입니다. 수도권 투자자들이 보기에는 적은 금액일 수도 있겠지요. 그만큼 청주의 구축 아파트들의 시세는 높진 않습니다. 그리고 청주의 모든 지역들에 투자자가 유입된 것도 아니고요. 그래서 지역에 따라 매물이 여전히 많은 곳도 있고, 없는 곳도 있습니다. 심지어는 같은 동 안에서도 단지에 따라 매수가 있는 경우도 있고 없는 경우도 있습니다. **객관적인 입지, 상품 평가로는 분석이 불가능한 경우지요.**

좀 더 자세한 지역별 상황을 알아보기 전에 잠시 3~4월 투자자의 유입 경로를 살펴보겠습니다. 청주 갭 투자자들의 매수 관심 아파트는 공주가 1억 원 이하에 23/24평입니다. 이 조건의 단지를 주로 매수했고, 청주에서 가장 인기가 많은 주거지인 흥덕구 복대동과 가경동에서 많이 투자했습니다. 이후 서원구 개신동을 거쳐 분평동, 그리고 상당구 용암동까지 매수하곤 가장 최근에는 다시 흥덕구 비하동까지 투자하였습니다.

순위	시군구	읍면동	평당가
1	청주시 흥덕구	오송읍	1,285
2	청주시 흥덕구	북대동	1,162
3	청주시 흥덕구	가경동	1,046
4	청주시 흥덕구	청주시 흥덕구	1,014
5	청주시 흥덕구	옥산면	940
6	청주시 상당구	방서동	932
7	청주시 서원구	산남동	912
8	청주시 청원구	오창읍	860
9	청주시 청원구	청주시 청원구	845
10	청주시 서원구	성화동	828
11	청주시 서원구	개신동	699
12	청주시 서원구	수곡동	665
13	청주시 상당구	청주시 상당구	637
14	청주시 흥덕구	봉명동	632
15	청주시 서원구	청주시 서원구	615
16	청주시 상당구	용담동	573
17	청주시 흥덕구	비하동	549
18	청주시 서원구	분평동	516
19	청주시 흥덕구	신본동	501
20	청주시 상당구	금천동	448
21	청주시 서원구	모충동	425
22	청주시 상당구	용암동	326
23	청주시 청원구	내수읍	275

출처: 부동산114, 9월 기준

• 인구수 : 184,645
• 유권자 : 144,441
• 남 : 73,214
• 여 : 71,227

북이면

• 인구수 : 253,545
• 유권자 : 200,293
• 남 : 100,004
• 여 : 100,289

오창읍

청원구 2읍 1면 5동(214.98㎢)

오근장동   내수읍

옥산면

율량사천동

강서2동   운천   내덕1동
         신봉동   내덕2동
흥덕구 1읍 2면 8동(198.32㎢)   봉명2송정동   우암동   용담명암
                              봉명1동 중앙동 산성동   낭성면   마원면
                    복대1동 사직1동   용암1동
         복대2동 사창동 성안동 탑대성동
오송읍   가경동 사직2동   금천동   상당구 5면 8동(404.42㎢)
         성화개신 모충동
강서1동   죽림동수곡2동 수곡1동 영운동
              산남동   용암2동
              분평동

강내면   남이면   남일면

가덕면

서원구 2면 9동(122.59㎢)

• 인구수 : 175,548
• 유권자 : 140,957
• 남 : 69,669
• 여 : 71,288

• 인구수 : 219,233
• 유권자 : 173,806
• 남 : 85,257
• 여 : 88,549

현도면   문의면

　청주시의 투자자들은 청주시의 시세 상승에 대해 이렇게 전망합니다. 인근 세종시와 격차가 크게 벌어져 모자란 갭 메우기가 예상되고, 청주에 전세 매물이 매우 부족한 탓에 전세가가 상승할 것이고 이는 결국 매매가를 밀어 올릴 것이라고 말이죠. 반면, 청주시에 투자하지 않는 투자자들은 공주가 1억 원 이하의 단지들은 추가 투자자들의 유입이 끊기면 집값이 보합세에 터닝될 것이라 평가합니다. 따라서 최근 **공주가 1억 원을 돌파한 단지들의 추가 상승 동력이 꺾일 수 있다고 주장합니다.**

현재 이 두 의견이 팽팽하게 맞서고 있고, 그래서 20년 이상 청주시에서 중개업소를 운영하는 공인중개사 분들에게 인터뷰를 요청했습니다. 청주시의 이전 고점이었던 2014년을 기준으로 2억 원까지 올랐던 단지들이 하락하여 다시 오르는 경우 추가적으로 상승할 여력이 남아있는 단지들도 있다고 이야기하는 분들도 있고, 반대로 청주시 아파트의 시세를 주도하는 것은 신규 아파트이지 구축 아파트는 아니라며 추가 매수에 신중해야 한다는 소장님들도 있었습니다.

　어떤 의견이 맞는지는 시간이 흐른 뒤에 결정되겠지만, 투자 여부에 대해서는 철저하게 본인의 판단이 중요한 만큼 좀 더 구체적인 사례들을 보며 집중적으로 분석해 보겠습니다.

─ 청주 최고 인기 지역: 복대동과 가경동

복대동(현대2차)

임장(기록)일: 2021년 5월 10일

이번 **청주시 상승장 갭 투자의 시작은 복대동과 가경동이었습니다.** 먼저 복대동 23/24평 구축 라인의 현대 2차 아파트, 세원 아파트, 두진 아파트, 아름다운나날 1차 아파트 네 개 단지가 모두 2021년에 공주가 1억 원을 넘길 때까지 4월까지는 계약 건수가 매우 많았으나 5월부터는 매수세가 급감합니다.

메인 입지에서 떨어진 곳의 대원 아파트만이 매물 일부가 남아있는데, 단지 내 동별로도 공주가의 격차가 존재한다고 합니다. 어떤 동은 1, 2층만 1억 원 이하이고, 또 어떤 동은 1~6층까지 공주가 1억 원 이하인 곳도 있습니다.

임장(기록)일: 2021년 5월 10일

또 다른 시작지였던 가경동은 매물이 많지 않아 매매가가 상승하여 갭도 상승 전 시세보다 더 많이 벌어졌습니다. 대단지이자 중심 입지인 대원 아파트와 세원 3차 아파트에서 시작된 이번 상승 랠리는 처음 갭 2,000만 원 선에서 시작해 지금은 더 많이 벌어졌고, 매물도 줄어들었습니다. 이후 인접한 몇몇 아파트로 매수세가 이어졌지만, 그마저도 매물이 거의 없어 스쳐 가듯 다른 지역으로 이동했습니다.

― 비하동, 개신동, 분평동

다음으로 살펴볼 흥덕구 **비하동**은 매물도 타지역보다 상대적으로 많아 매매가와 전세가 갭도 타지역 대비 적습니다. 2021년 4월부

비하동(효성 1, 2차)

임장(기록)일: 2021년 5월 10일

터 투자자들이 효성 1차와 2차 아파트로 본격적으로 유입되기 시작했습니다. 2021년 5월 기준으로 24평형이 약 1.3억 원부터 시작해서 갭은 약 1,500만 원 전후 수준이었습니다. **비하동은 복대동의 배후 단지로 복대동의 전세가 없다면 비하동도 함께 줄어드는 유사 행태를 보입니다.** 비하동의 전세 여부는 복대동을 보면 알 수 있다고 할 정도죠.

이런 흐름은 **서원구 개신동과 분평동도** 비슷합니다. 개신동의 경우 공주가 1억 원 이하 아파트로 가장 인기 있던 개신 주공아파트는 지역 내 랜드마크인 푸르지오 아파트와의 차이가 한동안 1억 원을 유지하다 1.3억 원까지 벌어졌습니다. 갭 메우기가 진행되면 푸르지오 아파트 시세를 따라 움직일 수 있다고 전망하는 투자층도 있습니다. 이 개신동 지역은 타 단지들보다 갭이 큰 탓에 투자층들이 주저하는 경향도 있으나, 이번 상승장에서 일부 세대들이 공주가 1억 원을 넘긴 곳도 있다고 하니 추가로 상승할 수 있을지 좀 더 검토해 볼 필요가 있습니다. 분평동 역시 최근 갭이 더 벌어져서 여전히 매물이 있습니다.

그럼 청주시 갭 투자 시장을 정리해 보겠습니다. 청주에서 갭 투자를 고민하는 분이라면 먼저 **지역별 매물의 숫자를 정확하게 파악하길 바랍니다.** 월별로 몇 건이 거래되었고, 거래 건수가 증가하는지 따져보고, 무엇보다 매매 시세가 상승했는지, 전세 시세가 상승했는지, 그래서 현재 갭이 어느 정도 되는지, 그 갭이 줄어드는지 벌어지는지 반드시 체크해야 합니다.

그렇게 심도 있게 분석한 후에 매물이 여전히 귀한 복대동, 가경동을 매수할 것인지, 매물이 상대적으로 조금 더 남아있는 비하동이나 분평동, 개신동 등을 검토해야 하는지 판단해야겠죠. 2021년 하반기부터는 한 번의 상승장이 지난 후이므로 추격매수에 좀 더 신중할 필요가 있습니다. 또한, 후속 투자자 유입이 가능한지도 현장에서 반드시 체크해야 합니다. 지금이 추격매수기인지 아니면 다른 지역으로 이동을 해야 하는지 반드시 현장에서 확인해야 합니다.

출처: 직방

광주광역시(임장 조사 날짜: 2021년 6월 15일)

두 번째로 답사한 지역은 광주광역시입니다. 전라권에 위치한 광역시로 대한민국에서 여섯 번째로 많은 144만 명의 인구가 사는 도시죠. 최근 광주광역시의 공주가 1억 원 이하 매물의 거래 사례를 보며 광주 부동산의 갭 투자에는 어떤 특징이 있었는지 알아봅시다.

그 전에 먼저 공주가 1억 원 이하 상품의 시세 변동의 특징을 간단하게 정리해 보겠습니다. **공주가가 1억 원을 넘지 않는 주택은 분명 그 이유가 있습니다. 수요가 그만큼 적다는 것이겠지요.** 다주택자 규제가 본격적으로 시행된 6·17 대책 이후 틈새시장으로 투자자들

이 단기간 몰려들어 시세가 급하게 상승하기도 했지만, 상승 이후 거래가 줄어들면서 추가 수요자들이 유입되지 않아 시세가 정체되거나 심지어는 하락하는 경우도 있었습니다. 예를 들면, 광주와 인접한 호남권에서는 전주, 익산, 군산, 여수, 순천, 목포가 소액 갭 투자나 공시가 1억 원 이하의 투자가 많이 이루어지는 곳이죠. 이 지역들의 투자 행태들을 정리해 보면 초기 투자자가 진입한 이후 실거주 수요자와 후속 투자자들이 들어올 만한 메리트가 있는지에 따라 추가로 상승하기도 하고 정체되기도 했습니다. 이 지역 중에서 광주광역시가 추가 상승이 이루어진 곳 중 하나입니다.

― 광주도시철도 2호선 호재

그렇다면 광주광역시에서는 어떤 메리트가 있길래 추가 수요가 유입되었을까요? **바로 광주도시철도 2호선 호재입니다.**

사실 광주광역시 시민들은 수도권 철도망과는 달리 광주도시철도 2호선에 큰 기대를 하지는 않았습니다.

하지만 투자자들은 광주도시철도 2호선을 투자의 제1 선택 기준으로 평가하면서 2호선 예정 역세권을 따라 전세 매물이 적은 지역에 투자하면서 서서히 관심을 가지기 시작하였습니다. 그렇게 투자자들이 투자한 지역들이 운남, 풍암지구 등입니다.

광주도시철도 2호선			
기점	시청역, 백운광장역	선로 구성	복선
종점	시청역, 효천역	최고속도	70km/h
역 수	44개	표정속도	35.9km/h
구성 노선	광주도시철도 2호선	통행 방향	우측통행
개업일	2023년 예정	개통 예정	1단계 2023. 시청 ↔ 광주역
총 연장 구간	41.8km		2단계 2024. 광주역 ↔ 시청
궤간	1,700mm		3단계 2025. 백운광장 ↔ 효천역

출처: 광주시

요즘은 부동산 매매 현황 정보의 전달이 빨라 단기간에 집중적으로 추가 투자자들이 유입되면서 순식간에 전세 가격이 상승하는 경우가 있습니다. 선발 투자자들은 갭이 적고 세입자가 있는 집을 고르지만, 며칠만 투자 시기가 늦어도 전세 시세가 조정되면서 목표했던 갭을 못 맞추기도 하고 공실인 집을 사들인 후 세입자를 구하는 경우도 발생하죠. 더군다나 **휴가철은 전세 비수기인 데다가 LH 전세 상반기 모집도 종료되었기 때문에** 후발 투자자들이 집중적으로 매수한 단지들은 전세 세팅을 하지 못해 고전하는 경우가 발생하고 있습니다.

대도시인 광주광역시에는 여전히 공주가 1억 원 이하 단지들이 꽤 많이 있으며, 지역과 상관없이 주택의 시세나 갭 금액도 큰 차이를 보이지는 않습니다. 적어도 2호선 역세권 호재가 발생한 지역들의 인근은 그렇습니다. 그렇다면 2호선 인근이 아닌 호재가 없는 지역의 단지들은 어떻게 될까요?

물론 아직 어떻게 되리라 정확하게 예측할 수는 없습니다. 지방 소액 갭 투자의 경우, 단기간적으로 매수 행위가 이루어진 다음에 추가 매수세가 들어오지 못하면 바로 상승 추세가 소멸되는 경우도 있고, 추가 투자자들이 지속적으로 유입되면 또 2차 상승이 만들어질 수도 있어서 아직 투자자들이 매수 타이밍을 노리는 몇몇 단지들로 매수세가 유입되면 광주 전역 1억 원 이하 단지의 매매가들이 순차적으로 상승할 수도 있고, 반대로 타지역으로 투자층들이 이동하여 수요가 빠지게 되면 상승세가 중단될 수도 있습니다. 실제로 운남지구는 투자자들이 집중 매수했음에도 추가 투자자들이 유입되지 못해 시세 상승이 미약한 편이었습니다.

광주의 인근 도시 중 한 곳인 전주의 상승세도 늘 같이 주목해야 합니다. 왜냐하면, 전주의 상승세가 광주의 부동산 시세를 자극할 가능성도 있기 때문입니다. 또한, 상대적으로 저렴해 보이게 되면 다시 투자 행위가 발생할 수 있기 때문입니다. 그렇게 되면 인근 지역들이

동시다발적으로 다 같이 상승할 수도 있습니다. 그래서 호남권 주요
도시들의 시세 변화는 늘 함께 봐야 합니다. 가격 차이가 크지 않기
때문이기도 합니다.

(만원/3.3㎡)

순위	시도	시군구	평단가
호남권 시군구 시세 순위(상위 25위)			
1	광주광역시	남구	1,162
2	전라남도	순천시	1,147
3	전라남도	여수시	923
4	광주광역시	서구	855
5	전라북도	전주시	813
6	광주광역시	광주광역시	802
7	전라북도	전라북도	736
8	광주광역시	광산구	724
9	전라남도	전라남도	685
10	광주광역시	동구	664
11	전라남도	무안군	656
12	전라북도	김제시	644
13	전라북도	정읍시	642
14	전라북도	남원시	634
15	전라북도	군산시	593
16	광주광역시	북구	587
17	전라북도	익산시	582
18	전라북도	완주군	499
19	전라북도	고창군	495
20	전라남도	화순군	494
21	전라남도	광양시	480
22	전라남도	목포시	467
23	전라남도	나주시	447
24	전라북도	순창군	337
25	전라남도	영광군	328

출처: 부동산114

참고로 **광주광역시 매물 현황을 파악할 때는** 수도권에서 주로 사용하는 네이버 부동산을 활용하기보다 **지자체 특화 사이트인 '사랑방'을 더 많이 활용합니다.** 그래서 네이버 부동산에는 전세 매물이 없으나 실제 현장에 가보면 물량이 많이 나온 단지들도 존재하죠. 당연히 매물이 많게 되면 이런 단지들은 갭 투자하기에 좋지 않으니 반드시 매물 체크를 해야 합니다.

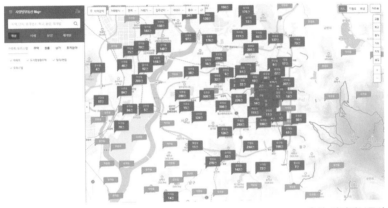

출처: 사랑방부동산

그럼 이제 광주시의 주요 지역별 거래 동향을 알아보겠습니다. 먼저 앞서 언급한 것처럼 광주도시철도 2호선을 기준으로 2호선 인근의 운남지구, 풍암지구, 일곡지구와 2호선 라인이 아닌 월곡동과 우산동, 동림동으로 나누어 비교해 보겠습니다.

임장(기록)일: 2021년 6월 14일

먼저 **운남지구**로 투자자들은 주로 주공 2~4단지를 택했습니다. 2021년 3월부터 투자자들이 방문하기 시작해서 2021년 6월까지도 매수 문의와 방문은 꾸준하지만, 전세 가격이 흔들리면서 조금 시들해진 경향이 있습니다. 개략적인 시세는 2단지 24평형 매물의 매매가는 1.3억 원 수준에 전세가가 1.1억 원 정도라 약 2,000만 원 정도의 갭을 형성하고 있습니다(2021년 6월의 현황이라 현재는 달라져 있을 수도 있습니다).

시세가 저렴해 보인다 해도 매매 매물이 많으면 현재 매수하기에
는 리스크가 큰 것이고, 매매 매물이 없는 경우에도 전세 매물이 많
을 때는 갭이 더 커질 가능성이 높아 전세를 세팅하기 어려워질 수도
있습니다. 그래서 선행 투자자들의 투자 행위 뒤에 나온 많은 전세 매
물이 해소가 되어야 그 다음 투자 타이밍 발생 여부와 관계없이 다음
시장으로 넘어갈 수 있습니다. 이러한 조건이 여의치 않게 되면 시장
은 상승 동력을 잃고 보합시장으로 변환됩니다. 법인이든 개인이든
갭 투자를 하려면 LH 전세 수요가 많이 발생할 때가 매우 좋습니다.
만약 수요가 발생하면 전세 매물이 바로 소진될 수도 있겠지요. 그렇게 되면 바로 투자 분위기로 반전될 수 있습니다. 이 미묘한 타이밍들에 대해 계속 현장에서 감을 키워야 합니다.

풍암지구

임장(기록)일: 2021년 6월 14일

두 번째 살펴볼 지역은 **풍암지구**입니다. 한신아파트, 현대아파트 등 몇 개의 아파트 단지가 모인 동네로 2021년 5월 말 기준 500만 원에서 1,000만 원 수준의 갭으로 매매가 이뤄지기 시작해 6월 첫째 주에는 갭은 2,000만 수준이었고 세입자가 존재하는 집들이 모두 매매되기도 하였습니다. 결국, 투자자들이 좋아하는 조건의 매물은 많이 소진되었고, 갭이 많이 벌어진 조건에서 잔금을 치른 후에 세입자를 구해야 하는 조건의 매물이 주로 남았다고 합니다. 이 경우는 추가 투자자 유입이 기대되지 않은 상황이라면 매수하기가 좀 어렵습니다.

풍암지구의 개략적인 시세는 한신아파트 24평형 매물이 매매가 1.3억 원, 전세 1.1억 원 수준으로 약 2,000만 원 정도의 갭이 벌어져 있었습니다. 인근에 현대아파트나 삼능남양, 한국아파트는 한신아파트보다 약 500만 원에서 1,000만 원 정도 더 높은 시세를 형성하였었습니다. 이 세 아파트는 2021년 기준으로 공주가 1억 원 이하로 내려온 단지들로, 투자자들에겐 관심 대상이 된 셈이죠. 하지만 역시 매수 여부를 결정할 의사 결정 요인은 전세 매물입니다. 2021년 5월까지는 전세 매물이 없어 투자자들이 찾아왔지만, 현재는 시장에 제법 많은

전세 물량이 풀려 전세 세팅에 애를 먹고 있다고 합니다. 이 경우는 투자자들이 쉽게 진입하기가 어렵습니다.

일곡지구(2호선 라인)

임장(기록)일: 2021년 6월 14일

마지막 2호선 라인은 **일곡지구**입니다. 주로 청솔 1~4차 아파트를 주력으로 삼는 이 지역은 풍암지구에서 매물이 없어지며 이후 문의가 늘었다고 합니다. 500만 원 정도의 갭만 벌어졌던 집 중에 세입자가 거주 중인 아파트는 거의 거래가 이루어졌고, 전세를 맞춰야 할 아파트들만 여전히 남았습니다. 개략적인 시세는 20평형 기준 매매가 9,000만 원 수준에 전세 8,500만 정도로 갭이 많이 벌어지지는 않았습니다. 청솔은 1차에서 4차까지 다양한 단지가 존재하지만, 시세는 거의 동일하고 선호도는 1차와 4차 단지가 2차와 3차보다 높다고 합니다. 임장 조사일(2021년 6월 14일) 기준으로는 전세 매물이 귀했지만, 투자자들의 물건이 일시에 대거 풀린다면 전세 세팅이 어려워질 수도 있으니 늘 주의가 필요합니다.

임장(기록)일: 2021년 6월 14일

지금부터는 광주 2호선의 영향을 받지 않는 지역을 살펴보고자 합니다. 먼저 **동림동** 주공 3단지입니다. 앞서 언급한 풍암지구처럼 한동안 투자자들의 문의는 있었지만, 계약 자체는 2호선 라인보다는 미미했다고 합니다. 지방 시장의 특징 중 하나는 조망권보다 여전히 향에 대한 프리미엄이 높은 지역들이 꽤 많습니다. 특히, 판상형 구축들의 경우가 더 그런데요. 이 단지의 시세 역시 향별로 가격 차이가 존재합니다. 남향의 경우 약 1.35억 원 선, 동향은 1.2억 원의 시세를 형성하고 있습니다. 임장 조사 당시 1,500세대 중 전세 매물이 10개 미

만이었습니다. 전세 매물이 많은 상황에서 2호선 라인인 운남지구조
차 유사한 금액대에도 세입자가 구해지지 않는 상황에서는 매수 여
부에 주의해야 합니다.

월곡동

임장(기록)일: 2021년 6월 14일

두 번째로 알아볼 지역은 **월곡동**과 **우산동**입니다. 금호타운, 어등
하이빌 등이 있는 지역으로 대체로 1991년과 1992년에 입주한 노후
된 아파트가 많은 지역입니다. 갭 투자를 진행할 때에도 노후한 아파
트만 있는 입지보다는 신축이 적당히 있는 지역의 수요가 더 많아 유
리한 경우가 많습니다. 하지만 이곳은 구축들만 있다 보니 투자자의
문의도 타 지역 대비 많지 않다고 합니다. 그래서 투자자들이 적기 때
문에 전세 매물도 시장에 적은 편입니다. 게다가 시세는 24평형 기준
으로 매매 1.1억 원, 전세 9,000만 원 수준으로 앞서 살펴본 단지들보

다 약 1,100만 원가량 낮게 형성되어 있었습니다. 그래서 이 단지의 임대인들은 전세보다 월세를 더 선호하는 경향이 있습니다. 전세 시세를 상승시키기 어려운 지역들은 월세로 전환하는 것이 오히려 더 유리한 경우도 있습니다.

지금까지 호남 지역의 중심인 광주광역시의 공주가 1억 원 이하 단지들을 살펴보았습니다. 광주 갭 투자 시장의 경우, 다른 지역들보다 갭 투자가 활성화되지는 못했습니다. 늦게 시작되었기 때문이기도 합니다. 그래서인지 아직 투자자들의 입김이 닿지 않은 곳들도 제법 됩니다. 그래서 최근까지도 투자자들이 계속 관심을 가진 곳이었습니다. 대부분 2호선 인근에 관심을 가지고 있으며, 전체적으로 **전세 매물이 부족하나 실수요 자체도 풍부한 편이 아니라 투자자 전세 매물이 시장에 조금만 풀려도 전세가가 흔들리는 일도 빈번합니다.**

그럼 광주광역시의 갭 투자 시장을 정리하겠습니다. 타 지역 광역시들의 경우 도 지역과 비교하여 압도적인 실수요층들을 가지고 있습니다. 하지만 광주광역시는 도 지역 내 중소 도시들과 비교했을 때 수요층의 밀도가 크게 높다고는 할 수 없습니다. 따라서 시세가 너무 많이 상승하면 오히려 중소 도시들에 관심을 가지는 것이 더 바람직한 투자 방법일 수 있습니다. 반대로 중소 도시들의 시세가 올라가게 되어 광주광역시의 시세가 낮아 보이게 되면 그때가 바로 광주광역시로 진입할 수 있는 시기가 될 수 있습니다. 그래서 호남권 주요 도시들의 시세들은 꾸준히 관찰해야 합니다.

전라남도 목포시(임장 조사 날짜: 2021년 6월 16일)

지방 갭 투자 지역의 마지막 케이스 스터디로 공부할 지역은 전라남도 목포시입니다. 전국의 공주가가 1억 원 전후로 아파트 시세가 대체적 크게 상승하였는데 유독 목포시만 하락했습니다. 다른 지역들이 오르는 동안 꽤 오랜 기간 조정을 받았기 때문에 목포시의 잠재력을 알고 있었던 선행 투자자들은 시세가 하락하는 동안에 공주가 1억 원 이하의 아파트를 꾸준히 매수했고, 최근 그 수요가 몰리면서 단기간에 크게 상승한 단지들도 등장하기도 했습니다.

	전월대비 아파트 매매가 증감률 (%) Over the previous month												전년말 대비
	1월	2월	3월	4월	5월	6월	7월	8월	9월	10월	11월	12월	over the end of last year
2003년							0.28	-0.78	-0.76	-1.44	-0.36	-0.05	
2004년	-0.07	-0.69	-0.68	-0.25	-0.22	-0.05	-0.27	-0.11	-0.55	0.02	-0.06	-0.16	-3.05
2005년	-0.03	0.85	0.10	-0.27	-0.56	0.54	0.32	0.00	0.63	0.35	0.31	0.64	2.90
2006년	0.32	0.48	0.44	0.03	0.39	0.33	0.14	0.01	0.31	0.65	0.25	0.32	3.75
2007년	0.51	0.45	0.00	0.12	0.18	-0.16	0.00	-0.01	0.49	0.00	-0.27	-0.37	0.94
2008년	-0.15	-0.25	-0.11	-0.11	-0.18	-0.05	0.14	-0.06	0.01	0.05	1.24	0.12	0.66
2009년	-0.16	-0.02	0.23	0.08	0.27	0.26	0.23	0.16	0.20	0.15	0.05	0.45	1.92
2010년	0.23	0.83	0.24	0.21	0.34	0.23	0.48	0.60	0.85	0.98	2.12	1.10	8.51

	전월대비 아파트 매매가 증감률 (%) Over the previous month												전년말 대비
	1월	2월	3월	4월	5월	6월	7월	8월	9월	10월	11월	12월	over the end of last year
2011년	1.12	1.58	2.22	1.94	8.24	3.28	0.28	1.39	1.24	1.02	1.43	1.57	28.18
2012년	0.35	0.41	0.51	0.64	0.31	-0.07	-0.03	-0.01	-0.20	-0.57	-0.21	-0.36	0.77
2013년	-0.34	-0.21	-0.19	-0.50	-0.15	-0.68	0.02	-0.09	0.00	-0.05	-0.18	-0.43	-2.76
2014년	-0.14	-0.29	-0.18	-0.38	-0.06	-0.45	-0.30	-0.14	-0.19	-0.04	0.00	-0.26	-2.39
2015년	-0.15	0.00	0.06	0.18	0.07	0.33	0.14	0.09	0.11	0.22	0.90	0.06	2.02
2016년	0.05	0.18	0.24	0.14	0.09	-0.06	-0.06	-0.01	0.05	0.16	0.28	0.13	1.22
2017년	0.22	0.14	0.07	0.15	0.04	0.00	0.02	0.15	0.26	0.15	0.11	0.08	1.40
2018년	0.00	0.00	0.05	-0.02	0.00	0.05	0.06	0.12	0.05	0.13	-0.08	0.11	0.48
2019년	-0.09	-0.50	-0.17	0.00	-0.03	-0.18	-0.03	-0.16	-0.12	-0.29	-0.05	-0.04	-1.64
2020년	-0.02	-0.59	-0.33	-0.05	-0.11	-0.26	-0.23	-0.16	-0.21	-0.68	-0.11	-0.19	-2.90
2021년	-0.64	0.02	0.00	0.00	0.00	-0.14	-0.02	-0.25	-0.08				-1.02
평균	0.06	0.13	0.14	0.11	0.48	0.16	0.06	0.04	0.12	0.05	0.30	0.15	2.17

출처: KB부동산 월간 통계자료

바로 목포 몇 곳의 단지들을 살펴보겠습니다. 주로 세 곳의 단지들이 관심을 받았습니다. 먼저 **오룡지구**입니다. 신도시이기 때문에 모든 단지가 신축인 데다가 오룡지구는 실거주 수요자 중심의 단지입니다. 그래서 이곳은 깊이 다루지는 않겠습니다. 왜냐하면, **실거주 수요자가 주로 들어가는 신축은 매매가와 전세가의 갭이 크게 벌어져 있어 투자자들이 아닌 자가 거주자들이 대부분이기 때문입니다.** 오룡지구는 매매 3억 원 후반에 전세금 2억 원 중반으로 갭이 1억 원 이상 벌어져 있습니다. 수도권 기준으로 보면 갭이 작아 보이겠지만, 목포시 아파트의 갭 1억 원은 엄청나게 큰 부담이 되는 금액입니다. 투자자들이 관심을 가질 가격대가 아니라는 것이죠.

오룡 1지구, 에듀포레푸르지오(2020년 7월 입주, 총 1,531세대)

임장(기록)일: 2021년 6월 15일

다시 갭 투자 이야기로 돌아가면, 앞서 소개했던 광주광역시와 비교해 볼 필요가 있습니다. 비슷한 조건의 광주의 갭 투자 아파트와 비교했을 때, 대체로 매매가는 1,000만 원 정도 목포가 낮고 전세금은 비슷하다 보니 실제 투자금은 광주보다 목포가 적습니다. 그렇다 보니 광주에서 1채에 갭 투자할 수 있는 비용으로 목포에서는 2채 이상 투자가 가능합니다. 물론, 투자 여건은 광주가 상대적으로 리스크가 낮긴 하지만요. 실거주 수요든 투자 수요든 아파트 수요가 더 많기 때문입니다.

— 갭 투자의 메인 요소: 공급, 수요, 전세 상황

갭 투자에서 가장 중요한 요소는 공급과 수요 그리고 전세 상황입니다. 먼저 **공급**을 살펴보겠습니다. 인구가 30만 명이 되지 않는 소도시 목포의 경우, 주택 시세의 등락이 공급에 의해 좌지우지되는 경우가 많았습니다. 작년까지 구도심의 시세가 오룡 1지구 입주로 고점 대비 20% 이상 하락하면서 크게 흔들린 것이 그 예가 되겠지요. 현재는 오룡 1지구의 입주가 거의 끝났습니다. 그리고 오룡 2지구의 입주는 3~4년 후이기에 현장에서는 시세를 흔들만한 대규모 입주 물량이 없어 중간 몇 년 동안 시세에 결정적인 영향을 주었던 입주 물량이 줄어듭니다. 그래서 곧 반등과 회복이 기대된다는 투자자들의 분위기입니다. 물론 2022년과 2023년에 각각 640, 404세대의 입주가 예정되어 있기는 합니다. 이 물량들이 영향을 주는 곳도, 영향을 주지 않는 곳도 있습니다. 어쨌든 시세가 등락하겠지요. 이것을 구분해 내는 것도 부동산 공부이고 실력입니다.

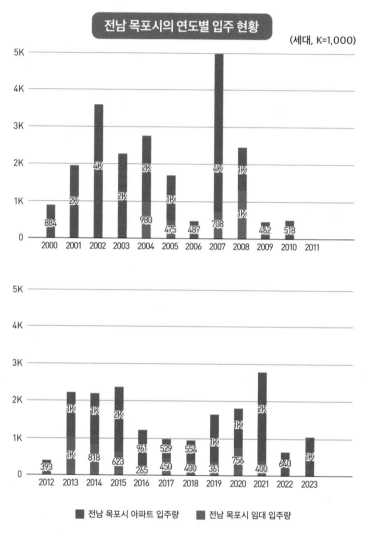

전남 목포시의 연도별 입주 현황

(세대, K=1,000)

■ 전남 목포시 아파트 입주량   ■ 전남 목포시 임대 입주량

출처: 부동산지인

공급을 살펴봤으면 당연히 **수요**도 살펴봐야겠죠. 지방 산업이 쇠퇴하면서 인구가 감소하는 추세입니다. 물론 이는 목포만의 문제가 아니라 지방 소도시 전체의 문제이기도 합니다. 그래서인지 실수요자의 선호도가 몰리는 경우가 많습니다. 일단 가장 신축인 오룡지구의 선호도가 가장 높고 그다음은 기축인 남악 신도시, 그 뒤로 구축인 하당 신도시가 이어지고, 가장 마지막은 구도심 지역입니다. 구축들은 매번 입주장이 시작될 때마다 크게 흔들리는 패턴을 반복하고 있죠. 그렇다고 구축의 수요가 없는 것은 아닙니다. **가격만 맞는다면 언제든지 매매든 전세든 거래가 진행됩니다.** 절대 수요가 존재하는 것이지요.

마지막으로 살펴볼 것은 **전세 상황**입니다. 우선 매물이 넉넉지 않다 보니 투자자의 매수도 집중적으로 이뤄지지 못했고, 그래서 시세 상승도 미미합니다. 전세도 많지는 않음에도 세입자가 잘 구해지지 않는다고 합니다. 이는 전세 비수기에 법인 임대인 제한 정책이 작용한 탓입니다. 그래서 현재 잔금 납부를 마친 뒤에 세입자를 못 구한 공실도 있다고 합니다.

지금까지 목포시에 대한 여러 상황을 종합했을 때, 서울처럼 미래 수요 감소나 시세 하락에 대한 불안감이 전혀 없을 수는 없을 것 같습니다. 그래서 평생 가져갈 만한 매물이 존재하지는 않을 것 같습니다. 다만 중단기적으로 보면 **목포시의 경우 현재가 바닥이 가능성이 상당히 높다**는 평가가 지배적입니다. 지금 진입한다고 해도 웬만한 인기 아파트들은 신축이든 구축이든 최소한 손해는 보지 않을 것 같다는 평가가 많습니다. 다만 **지금이 바닥이라 해도 이 바닥 시황이 얼마나 지속될지가 미지수**라 매수 타이밍이 언제가 되어야 하는지에 대한 고민이 많이 필요해 보입니다.

지금부터는 남악 신도시와 하당 신도시, 구도심인 용해 1지구의 동향을 전해드리려 합니다. 이 시황들을 통해 여러분이 직접 매수 시기와 단지를 판단해보기 바랍니다.

남악 신도시, 남악리젠시빌(2006년 9월 입주, 총 394세대)

임장(기록)일: 2021년 6월 15일

먼저 남악 신도시입니다. 2021년 4월 공주가 공시된 후, 발 빠른 투자자들이 다음의 세 단지로 찾아왔고, 거래가 이루어질 때마다 신고가를 갱신하고 있습니다. 바로 그 세 단지는 남악리젠시빌, 오룡휴먼시아(주공), 근화베아체로 대략적인 시세의 변화는 다음과 같습니다.

· 남악리젠시빌: 신고가 1.58억→매매 1.7억/전세 1.3억→0.4억 갭
· 오룡휴먼시아(주공): 신고가 1.92억→매매 2.0억/전세 1.5억→ 0.5억 갭
· 근화베아체: 신고가 2.9억→매매 3.45억/전세 2.7억→0.75억 갭

임장(기록)일: 2021년 6월 15일 | 출처: 부동산플래닛

7월에는 단기간에 시세가 2,000만 원가량 상승했고, 갭도 약 3,000~4,000만 원 수준으로 벌어졌습니다. 현장에서는 투자자의 유입으로 전세가 쌓이고 있으나 유입도 끝물인 데다가 잔금 일정도 제각각이라 큰 문제 없다고 말하고 있죠. 이미 매수한 투자자들 입장에선 순수하게 투자자들끼리 들어 올린 시세를 받아줄 실수요자나 추가 진입하는 투자자들이 있을지가 향후 시장의 체크 포인트로 보입니다.

하당신도시, 하당삼성(1995년 9월 입주, 총 680세대)

임장(기록)일: 2021년 6월 15일

두 번째 알아볼 지역은 **하당 신도시**입니다. 앞서 언급한 이유들로 남악 신도시에서는 투자의 기회를 찾기 힘들다 보니 시세가 오르지 않아 갭 1,000만 원 선의 매물이 존재하는 하당 신도시의 구축 아파트를 추천하는 사람들도 생겼습니다. 그럼 좀 더 자세히 알아보죠. 하당 신도시에서는 아파트의 브랜드, 주차 용이성, 내구성 등을 고려해서 선호도와 시세가 형성되어 있습니다. 현재는 현대아파트와 삼성현대가 가장 선호도가 높고 동아, 우성, 신안 등의 아파트가 그다음을 잇고 있습니다. 이중 공주가 1억 원 이하의 아파트는 삼성, 현대, 신안 등의 단지 24평형과 동아/우성 아파트의 32평형으로 2020년 11월부터 투자자들이 꾸준히 찾아와 32평부터 매수를 시작해서 24평형까지 손을 댔다고 합니다. 물론 매물이 넉넉하지 않아 추가적인 매수 사례로 연결되지 못해 시세가 거의 상승하지 못했습니다.

임장(기록)일: 2021년 6월 15일 | 출처: 부동산플래닛

개략적인 시세를 알아보면 24평형의 매매가는 1.5억 원에서 1.1억 원 수준이고, 전세가는 약 1억 원 정도라서 갭은 500만 원에서 1,000

만 원 수준입니다. 32평형은 매매가 1.2억 원에서 1.3억 원, 전세가 1.1억 원에서 1.2억 원으로 갭이 약 1,000만 원 수준입니다. 이론상 1,000만 원 수준이지만, 남악 신도시와 오룡지구의 입주 물량 때문에 세입자가 풍부하지 않은 상황입니다. 그래서일까요? 투자자들은 전세 부족을 이용해 전세가 상승을 노렸으나 인근에 있는 석현동 등의 전세 시세가 제자리다 보니 주변 아파트 시세는 알게 모르게 상승이 진행되는 것에 비해 여전히 하당 신도시만 시세가 오르지 않았습니다. 향후 관전 포인트가 될 듯합니다. 이 **하당 신도시의 구축 20~30평형대 아파트의 시세 움직임을 주목하기 바랍니다.**

용해지구, 포미타운주공1단지(2004년 11월 입주, 총 734세대)

임장(기록)일: 2021년 6월 15일

지금까지 알아본 목포의 공주가 1억 원 이하 지역들을 정리하면, 남악 신도시는 시세가 최근 크게 올라 추가 투자의 매수세 유입이 부담스러운 상황이라 현장에서는 오히려 아직 오르지 않은 하당 신도시 내 기축 아파트들을 주목하고 있다고 합니다. 그러나 하당 신도시는 남악 신도시와 오룡지구 대비 수요 경쟁력에서 밀리는 구축 아파트 위주이기 때문에 전세 수요가 유지되거나 유입되지 못한다면 시세 상승이 어려울 수도 있습니다. 하지만 **시세가 3년 가까이 조정된 후의 바닥이라고 평가되는 점과 대규모로 입주 물량이 해소되는 시장 회복의 기대감 등으로 투자자로선 고민해볼 필요가 있는 지역이기도 합니다.**

PART 2

썩빌, 문재인 정부 이후 가장 핫한 투자 트렌드

※ 썩빌: 썩은 빌라의 준말, 연식이 오래된 낡은 빌라를 의미합니다. 통상적으로 극초기 재개발지역에 있는 저렴한 주택들을 칭할 때 쓰이는 말입니다.

극초기구역 투자란 어떤 트렌드인가?

썩빌이라는 표현은 낡고 저렴한 주택을 비하하는 말이기도

하지만, 새 아파트에 대한 선호가 높아짐에 따라 신축 청약 당첨이 불가

능하고 이미 준공된 신규 아파트 매수는 비용이 많이 들기 때문에 먼 미래

에 신규 아파트가 될 만한 주택들에 대한 투자에 시간적인 베팅을 하는 투

자층들이 애용하는 단어입니다. '우리는 돈은 부족하지만 시간은 많아!'라

는 심리를 반영한 것이기도 하고요!

극초기구역의 개요(임장 조사 날짜: 2021년 3월 1일)

극초기 재개발 구역 상품을 현장에서는 '**썩빌**'이라고 칭합니다.
썩빌은 당장 실거주하기에는 불편한 재개발이 필요한 오래된 빌라를
통칭하는 단어죠. 보통 썩빌의 시세는 매매와 전세가의 차이인 갭으
로 평가합니다. 2020년 가을경에 최초 1,000~3,000만 원 선에서 시작
한 썩빌의 투자 시세는 서울의 웬만한 지역에서도 1억 원 선까지 큰
어려움 없이 상승하면서 부동산 시장에서 하나의 투자 상품으로 주

목받게 됩니다. **최근 2년 동안은 정부에서도 한 축을 거들기도 했습니다.** 공공재개발이나 **도심공공 주택복합**사업의 후보지로 선정된 지역 내의 썩빌의 경우 아무 먼 미래에나 가능할 것이라는 막연한 기대에서 실제 재개발 사업에 곧 들어갈 수도 있는 지역까지 등장했으니까요.

극초기구역 재개발 투자가 트렌드가 된 경위를 조금 더 살펴보면, 청약 당첨이 어려워지고, 준공된 신규 아파트 시세가 크게 상승하면서 신규 아파트가 될 바로 직전 단계인 재개발구역에 투자 수요층이 몰리기 시작합니다. 물량은 한정되어 있기 때문에 수요가 급증하면 시세도 당연히 상승하게 되지요. 결국, 재개발 실투자금이 천정부지로 치솟아 버렸습니다. 인기 재개발지역은 웬만한 재건축 아파트 투자 금액보다 더 많은 투자 비용이 필요합니다. 따라서 저렴한 것이 가장 큰 장점이었던 재개발 후보 지역 투자보다 비용이 적게 들어가는 투자 대안이 필요했습니다. 여기에 정부는 기존 재건축, 재개발에 대한 규제를 강화하다 보니 대출이나 세금 등의 문제로 호가가 비싼 부동산 상품에 손을 대기 더 어려워진 것입니다. 결국, 극초기 재개발 투자는 소액 투자로 가능한 거의 유일한 투자 트렌드가 되었습니다. 하지만 늘 그렇듯이 투입 비용이 낮은 대신 그 리스크가 적지 않은 상품입니다. 그러므로 **아무 곳이나 '묻지마 매수'를 하기보다는 디테일한 공부를 통해 리스크를 낮추고 어떻게 하면 확률을 높일 수 있을까**

에 집중하여 지역을 선정하고 가격을 책정하는 것이 좋습니다.

2018년까지는 그래도 일반적인 재개발 투자금이 현재처럼 크지 않았습니다. 지금은 핫플레이스가 되었지만, 이미 사업이 확정된 광명뉴타운, 상계뉴타운, 신림뉴타운 등도 일반 투자자들도 접근할 수 있는 시세였으니까요. 굳이 극초기 재개발구역을 선택하지 않아도 투자할 만한 지역이 제법 되었던 것이죠. 하지만 이 지역들의 시세가 최근 2~3년 동안 급등하게 됩니다. 시세가 거의 오를 것 같지 않았던 의정부, 인천 등지의 재개발지역들도 이제 소액이라 할 수 없을 정도의 비용이 필요하다 보니 많은 소액 투자자들이 기존의 관심 입지들을 포기하였습니다. 결국, 이의 대안으로 단기 흥행성에 기반한 투자로 많이 전환되었습니다. 여기에 정부의 공공재개발 계획 발표로 인해 재개발을 기대하지 않았던 썩빌 투자도 그 사업 추진 가능성을 인정받고 새로운 투자 상품으로 큰 관심을 받고 있습니다.

― 극초기 재개발 투자 시 입지의 조건

이런 최근 극초기 재개발 투자 시 입지들의 특징을 정리해 보면 몇 가지 공통된 요소가 발견됩니다.

먼저 가장 중요한 흥행성의 주요 조건을 보면, 우선 소액으로 투자할 만한 매물이 다수 존재해야 합니다. 누구든 쉽게 접근할 수 있는 빌라가 대표적인 상품입니다. 단독이나 다가구주택의 경우 매물이 많지 않아 빠르게 흥행이 어렵습니다. 투자 사이클이 종료될 가능성이 크죠.

두 번째로는 공주가 1억 원 이하인 주택이 좋습니다. 공주가 1억 원 이하는 취득세가 1.1%밖에 안 되니까요.

세 번째는 주로 법인 거래라는 점입니다. 이는 거래에 드는 시간과 관련된 요소로, 단기 매매에 대한 양도세에 대한 부담이 적다 보니 보다 많은 물량의 회전이 가능하기 때문이죠.

이 조건들을 수도권의 부동산 시장에서 찾아보겠습니다. 아무래도 대부분 비서울 지역보다 수요가 월등히 많고 재건축이든 재개발이든 추진된 가능성이 높은 서울이길 희망할 테니까요. 하지만 아시다시피 서울에서는 이 조건에 맞는 상품을 찾기가 매우 어렵습니다. 소액 투자와 공주가 1억 원 이하의 매물은 동북권에서도 한정되어 존재하기 때문에, 투자자들은 서울보다 해당 물건이 많은 경기도와 인천으로 투자 영역을 넓히기 시작했습니다.

하지만 경기도가 법인 토지거래허가구역으로 지정되면서 매수 빈도가 줄어들었고 그나마 GTX 라인 인근에서 미미한 수준으로 거래가 되고 있습니다. 결국, 경기도의 매매가 급감한 후에 유동 자금은 더 소액 지역이었던 인천 쪽으로 넘어가게 되면서 **현재는 인천이 그나마 가장 거래가 활성화되어 이루어지고 있습니다.** 비수도권 지방에서도 이런 움직임은 유사하게 진행되고 있습니다.

참고로 현재 서울은 공공재개발, 공공도심 복합사업 및 공공기획 민간재개발 등과 연관되어 또 다른 투자 수요층들이 움직이고 있습니다. 서울은 타지역과는 다르게 실거주 수요층들도 상당수가 참여하고 있습니다.

하지만 **극초기지역 투자의 가장 큰 목표는 역시 차익 실현입니다. 투자 성공의 기준은 갭입니다.** 갭이 벌어지려면 당연히 후속 투자자들이 지속적으로 유입되어야 합니다. 그러므로 실제로 정비구역지정 동의서 징구까지도 이때 이루어집니다. 이 무렵이 가장 초기에 진입한 극초기 투자자의 차익 실현 시점이죠. 얼핏 보기에는 무조건 일찍 들어가는 것이 좋아 보일 수도 있겠지만, 종종 흥행에 실패하게 되면 자산이 묶일 수도 있는 위험이 존재합니다. 결국, 하이리스크, 하이리턴 투자 이론이 여기서도 적용되는 것입니다.

그렇다고 후속 투자자들이 마냥 손해만 보는 구조는 아닙니다. 가능성을 보고 움직이는 만큼 오히려 더 큰 이득을 볼 수도 있죠. 여기서 가장 중요한 기준이 등장합니다. **바로 재개발 사업 가능성입니다.** 재개발 등으로 동네 자체가 업그레이드될 가능성에 투자하는 것이죠. 그러므로 묻지마 투자보다는 현재 입지 분석과 사업 진행 가능성, 정부와 지자체의 움직임 등을 복합적으로 분석하는 체계적인 접근이 필요합니다.

예를 들어, 지구 단위 계획에서 단초를 찾거나 과거 해제구역에서 재가동 기회를 노려볼 수도 있습니다. 추가 역세권 지정, 혹은 새로운 노선 지정 등의 교통 호재 등도 꾸준히 검토해야겠지요.

일단 이 초기 단계에서 가장 공을 들여 연구해야 할 것은 **지자체별 주거정비지수를 충족하는지 여부입니다.** 이에 관련된 규제 내용도 눈여겨봐야 합니다. 이처럼 정부가 제시하는 조건에 따라 정비구역으로 지정될 가능성이 높은 지역부터 접근하는 것이 중요합니다.

2030 인천광역시 도시·주거환경정비 기본계획

주거관리지수 개념

주거환경개선사업의 공공예산지원 우선순위를 판단하기 위한 기준

주거관리지수 평가항목 및 배점

항목	세부평가항목	세부배점기준				배점
주민의 추진의지	주민동의율	50% 이상 10점	60% 이상 15점	70% 이상 20점		25점
	주민자치조직	주민자치조직이 있을 경우 5점				
주거환경개선의 시급성	건축물 노후도	70% 이상 2점	75% 이상 3점	80% 이상 4점	90% 이상 5점	20점
	접도율	40% 이하 2점	35% 이하 3점	30% 이하 4점	25% 이하 5점	
	과소필지 등	40% 이상 2점	45% 이상 3점	50% 이상 4점	55% 이상 5점	
	호수밀도	70호 이상 2점	75호 이상 3점	80호 이상 4점	85호 이상 5점	
주민특성	거주형태(세입자비율)	45% 미만 2점	50% 미만 3점	55% 미만 4점	60% 미만 5점	15점
	고령인구비율	5% 이상 2점	10% 이상 3점	15% 이상 4점	15% 이상 5점	
	기초생활수급자	3.0% 이상 2점	3.5% 이상 3점	4.0% 이상 4점	4.5% 이상 5점	
규제강도	정비(예정)구역 해제 여부	해당 시 5점				25점
	규제현황	제1종일반주거지역 10점	최고고도지구 10점	문화재보호구역 10점		
		중점경관관리권역 10점	2개 이상 중첩 시 20점			
지역특성		국가·시지정문화재, 우수건축자산 1개당 5점 / 최대 15점	건축자산진흥구역 5점			15점

출처: 인천광역시청

2020년을
강타한 트렌드

Chapter 2

서울의 썩빌로는 미아 258, 번동 148, 창동, 남구로빌 등 주로 저가 지역들이 유명했습니다. 하지만 썩빌 정도까지는 아니지만 지역 내 저가 투자 대상이라는 의미로 용산구와 강남구도 함께 공부하는 것이 좋을 거 같아 이번 장에서 같이 다루어 보겠습니다.

썩빌 투자의 트렌드 역시 시작은 서울 수도권이었습니다. 아파트 매수에 대한 사상 최강의 규제 정책으로 인해 투자 대상이 급감하자 풍선 효과 혹은 그 대안으로 시작된 새로운 투자 대상이었죠. 그래서일까요? **이미 어느 정도 유명세를 탄 썩빌 투자 사례**(미아 258, 번동 148, 창동, 남구로빌 등)**에서 서울 지역이 꽤 있었습니다. 그리고 유명세가 인천, 부산 등으로 넘어갔죠.** 먼저 서울의 몇몇 구를 스터디 케이스로 살펴보겠습니다.

구로구(임장 조사 날짜: 2020년 12월 26일)

먼저 답사할 지역은 구로구입니다. **구로구는 현재 소규모 재건축이 가장 활발하게 이뤄지고 있는 지역이죠.** 그만큼 이번에 발표된 서울시의 정비사업 정책들이 큰 영향을 미친 지역이죠. 그간 정부에서도 재건축은 여러 규제를 통해 제지했지만, 소규모 사업인 가로주택이나 소규모 재건축은 오히려 권장하였습니다. 그래서 구로구는 그간 소규모 재건축이 꽤 활발하게 진행되었습니다. 안전진단 없이도 연식만 채우면 사업을 시작할 수 있었기 때문이죠. 인근 양천구의 목동신시가지 재건축은 안전진단 단계서부터 고전하고 있는 것과 완벽하게 대조되는 분위기입니다.

목동 재건축 단지 안전진단 현황	
구분	단지
안전진단 최종 통과	6단지
2차 정밀안전진단(적정성 검토) 진행	5·7·11·13단지
1차 안전진단 통과	2·3·4·10·14단지
1차 안전진단 진행	1·8·12단지
2차 정밀안전진단 탈락	9단지

출처: 서울시

서울시 소규모 재건축과 일반 재건축 비교		
구분	소규모(혜택)	재건축(규제)
안전진단	미실시	실시
초과이익환수금	미적용	적용
시공사 선정	조합설립인가 후	사업시행인가 후
조합원 지위 양도	1. 안전진단: 관계없음 2. 예외조건 ㄱ. 조합설립인가+2년 ㄴ. 사업시행인가+2년 외 3. 2년 거주: 미정	1. 안전진단: 양도금지 2. 예외조건 ㄱ. 조합설립인가+3년 ㄴ. 사업시행인가+3년 외 3. 2년 거주: 미정
서울 서남권 해당 지역	구로동	목동

출처: 서울시

여기에 최근 서울시에서 발표한 **기부채납이 필요 없는 종 상향까지 적용할 수** 있게 되면서 분위기는 더욱더 좋습니다. 구로구의 소규모 재건축 추진 단지 모두가 7층 제한이 존재하는 2종이기에 효과는 더욱 커지죠. 이는 사업성이 개선되는 호재로 건축 심의 이전 단계의 단지들은 이전보다 사업성이 최소 10% 상향되었습니다.

다만 **이미 건축 심의를 통과한 단지는 넘어갈 가능성이 크죠**. 그 이유는 먼저 이미 기부채납을 통해 종 상향을 얻어냈는데, 까다롭고 기나긴 시간이 소요되는 건축 심의를 다시 할 리가 없기 때문이죠. 물론 사업성은 좋아지겠지만, 얼마나 걸릴지 모를 그 시간을 다시 보내기는 너무 힘들겠죠.

구로구 소규모 재건축 단지 위치

출처: 부동산플래닛

구분	현 세대 수	구역면적(㎡)	평균지분(평)	신축	세대	비고
동양	85	7,720	28	160	증 88%	15층 4개동
길훈	198	9,784	15	230	증 16%	6개동, 용적률 200%
두암	108	6,348	18	162	증 50%	15층, 용적률 237%
월드	96	6,113	19			인근 단지 흡수 예정
화랑	90	6,880	23	186	증 107%	용적률 240%
동삼	162	7,899	15			
우석2	63	3,030	15			
우석 (가~다)	72	3,706	16			

출처: 구로구 홈페이지

일단, **아무리 호재가 많더라도 들어갈 매물이 존재해야 투자자들의 관심을 끌 수 있습니다.** 소규모 단지인 데다가 재건축 조합원 지위 양도 금지 규제로 거래 가능한 매물이 귀해질 법하나, 조합설립인가 2년 내 혹은 사업시행인가 미신청 단지들은 거래가 가능해지면서 다시 관심이 높아지기 시작했습니다.

일단 옆 페이지 그림의 단지 중 지금까지 거래가 가능했던 지역은 동양과 길훈 단지이고, 곧 두암, 월드, 화랑 단지도 거래가 가능해질 것으로 예상됩니다. 소규모 재건축의 사업시행인가에는 관리처분계획이 포함되므로 2년 만에 끝내기는 만만치 않기에 대다수 단지가 거래가 가능해질 것으로 보입니다. 오히려 더 신경 쓰였던 부분은 재건축 2년 거주 의무화였죠. 이제 백지화되었고, 게다가 앞서 언급했던 단지들은 이미 조합설립인가를 얻었기에 해당 사항이 없습니다.

다음으로 가격을 보면 **제4차 국가철도망으로 확정된 신구로선 호재의 영향으로, 호가가 전고점 대비 상승했습니다.** 향후 미래가치가 우선 반영된 만큼 적정 가격 여부에 대해 좀 더 객관적으로 평가해야 합니다. 이를 위해 인근 신축과 시세를 비교하면서 너무 많이 상승한 것은 아닌지 반드시 따져봐야 합니다. 물론 주변에 아직 소규모 재건축이 완성된 단지가 없기에 직접적인 시세 비교는 어렵겠지만, 비슷한 평형대의 인근 기존 구축 단지와 시세를 비교하면 됩니다. 현재 인근 지역에서 일반 재건축도 추진 중이고, 소규모 재건축도 한 개 단지가 아니라 여러 단지가 한꺼번에 진행 중인 만큼 모두 입주하기 시작하면 지역의 주거 선호도가 높아질 가능성이 큽니다. 악재는 없고 호재만 있는 것이 미래가치 평가에 유리한 것이죠.

종합하자면 최근 정부에 이어서 서울시에서도 혜택까지 주며 소규모 재건축을 권장하고 있으므로 **향후 서울의 소규모 재건축이 활발해질 가능성이 큽니다.** 그중에도 이미 상당 부분 진행된 구역들이 있는 구로구가 가장 빠른 결과가 나올 것으로 봅니다. 초기가 아닌 진행되는 단계에서 매수를 고려할 때에는 반드시 소규모라 하더라도 재건축은 **재건축이므로 조합원 지위 양도 금지 규정에 해당하는지 반드시 확인해야 합니다.** 개인적으로 인터넷 자료나 지인들을 통해 파악한 정보만으로 판단하지 말고, 지자체 해당 부서에 문의하고 조합사무실에도 확인하여 이중으로 체크해 보는 것이 바람직합니다.

그러면 구로구의 썩빌 투자 트렌드에 대해 더 자세히 알아보겠습니다. 먼저 **남구로빌**부터 알아보겠습니다. 남구로빌은 2020년 후반부터 가장 주목받았던 썩빌 지역 중 한 곳입니다. 이 지역은 주로 4~5층 빌라가 빼곡하게 들어서 있습니다. 과거에는 좀처럼 매수세가 없어 전세가와 매매가가 거의 비슷한, 프리미엄이 잘 붙지 않던 지역이었지만, 썩빌 트렌드가 대세가 되면서 2020년 10월부터는 프리미엄이 수천만 원에서 억대까지도 붙었던 지역이죠. 심지어 공주가 1억 원 이하 매물의 프리미엄이 8천만 원까지 붙기도 했습니다.

여기서 궁금증이 생깁니다. 도대체 어떤 이유로 그간 프리미엄이 거의 붙지 않던 지역이 이렇게 가격이 급상승했을까요? 일단 장기적인 관점에서 볼 때, 남구로빌은 강남과 직접 연결되는 7호선 남구로역 인근인 동시에 **노후도가 충분히 보존된 탓에 재개발이 될 거란 기대감이 포함된 것이죠.**

하지만 썩빌을 볼 때는 이런 사업 가능성도 중요하지만, 흥행성도 중요하다고 말씀드렸습니다. 역시 남구로빌이 여러 투자자의 주목을 받은 이유도 흥행성이 큰 몫을 했습니다. 남구로빌은 빌라가 대다수여서 사업성은 부족할 수 있으나 **거래가 가능한 물건이 많아 많은 관심을 받았습니다.** 이러한 조건에서 거래량이 많아 환금성이 높아지고 2차, 3차 투자자의 유입이 수월한 구조가 되었습니다. 여러 부동산

규제로 부동산 시장의 돈이 시세가 낮은 부동산으로 흘러들자 자연
스럽게 남구로빌도 시세가 급등하게 된 것입니다.

출처: 부동산플래닛

출처: 부동산플래닛

구로구는 아니지만 남구로빌과 함께 공부해볼 지역이 있습니다. 바로 **창동 빌라촌**이죠. 창동빌은 남구로빌보다는 조금 늦게 투자자들이 유입된 지역입니다. 이 지역의 특징은 준공업지역이라는 점이죠. 창동의 중공업 지역은 남쪽에는 창2동이 있고, 북쪽에는 창4동과 창5동이 존재합니다. 하지만 북쪽은 이미 북한산 아이파크 아파트로 개발되었습니다. 그래서 주로 사람들의 시선이 향한 곳은 남쪽의 창2동이죠. 이 지역은 아직도 공장과 창고가 많고 저층 주거지로 가득합니다. 게다가 도심 내 준공업지역이니 어떻게든 개발될 거란 기대감이 있습니다. 그동안 **준공업지역에서는 대규모로 공장이나 창고부지를 매수하여 오피스텔로 분양하거나 소규모 부지를 매수해 신축 빌라를 만드는 일이 빈번하게 이뤄져 왔기 때문입니다.** 게다가 준공업지역은 용적률이 주거지역보다 높아 개발 이익이 더 큽니다. 아울러 국토교통부에서는 공급 확대 대책의 일환으로 서울의 준공업지역을 적극적으로 개발하겠다고 여러 차례 언급한 적도 있습니다. 이런 기대감 때문에 창동빌이 높은 관심을 받게 된 것이죠.

그러다 보니 초반 갭이 거의 벌어지지 않아 소액으로 투자가 가능하던 창동빌은 현재 수천만 원에 달하는 프리미엄이 붙었습니다. 물론 중간에 매수한 경우 청산에 대한 공포도 있었지만, 서울시장으로 오세훈이 당선된 이후 시장의 분위기는 이전보다 긍정적으로 변하였습니다.

강남구 소규모 재건축(임장 조사 날짜: 2021년 7월 1일)

최근 '서울특별시 소규모재건축 업무처리기준'을 통해 서울시에서는 소규모 재건축에 관한 입장을 발표했습니다. 이 발표에서 가장 중요한 포인트는 기존에 7층이라는 층수 제한이 있었던 제2종 일반주거지역 내 가로주택정비사업 층수를 임대주택 건설 시 최고 10층으로 완화하고, 추가 기부채납 등 일정 조건을 충족하면 최고 15층까지 허용하도록 했다는 겁니다. 또한, 층수 제한이 없는 제2종 일반주거지역에서는 임대주택을 지으면 추가 기부채납 없이 15층까지 늘릴 수도 있습니다. 용적률 완화 기준은 임대주택 임대 기간에 따라 차등 적용해서 더 늘려주기로 했습니다. 이 용적률 완화 배경에는 층수 제한이 존재하는 제2종 일반주거지역은 현재 32%에 달해서 노후되어 재건축이나 재개발이 필요하지만, 용적률을 높이기 어려워 사업성 저하로 다들 외면해 왔으니 **이제라도 정비사업을 활성화하려는 지자체의 의지가 담겼다**고 볼 수 있습니다.

물론 사람들이 소규모 재건축을 꺼리는 것은 단순히 층수 제한만은 아니었습니다. 일단 소규모라는 것 자체가 한계가 되기도 합니다. 소규모 재건축의 조건은 일단 시행구역이 1만 제곱미터 미만이어야 하고, 기존 세대 수가 200세대 미만이어야 하니 동네 전체가 변하기는 어렵습니다. 그리고 대단위로 재개발이나 재건축을 하면 제반 시설이 같이 생기는 경우가 많으나, 소규모 단독 재건축은 현실적으로 그러기 쉽지 않습니다. 그렇다면 어떻게 대처해야 할까요? 단순히 소규모니까 안 된다고 말하는 것은 너무 아쉽습니다. 그래서 비록 소규모라도 나 홀로 우뚝 선 빌라처럼 보이지 않고, **주변 시세가 받쳐주는 곳을 찾게 됩니다. 바로 강남이죠!**

이런 생각을 가지고 강남의 소규모 재건축 사업 현장을 검토해 보았습니다. 역시 규모가 다른 곳보다 작기는 했습니다. 몇 곳의 현장을 찾아봤더니 강남구인 만큼 때가 되면 개발될 거란 기대감은 당연히 크지만, 능동적이고 적극적인 개발 의지는 높아 보이지 않았습니다. 그래도 이번 종 상향 조치에 대해서는 매우 환영하는 분위기였죠. 단 2차로 이상의 도로와 접한 건물의 건물주들은 상황이 조금 달랐습니다.

서울시에서 발표한 종 상향 입지 요건	

○ 용도지역 조정기준
「서울특별시 지구단위계획수립기준」 중 공동주택 건립에 따른 지구단위계획 수립기준에서 규정하는 주거지역 종(세분) 상향 기준 준용가. 주거지역 종(세분) 상향 입지요건

구분	입지 요건
제2종일반주거지역	제2종 일반주거지역 이상과 연접하고 보·차도 구분된 2차로 이상의 도로와 접할 것
제3종일반주거지역	제3종 일반주거지역 이상과 연접하고 보·차도 구분된 3차로 이상의 도로와 접할 것
준주거지역	역세권(지역중심 이상 역반경 500m, 지구중심 이하 역반경 250m 이하)으로서 간선도로와 접할 것

* 구릉지, 고도지구, 자연경관지구 등에 입지할 경우 용도지역 상향 불가
출처: 서울시

그 이유는 위의 서울시에서 발표한 입지 요건을 보면 알 수 있습니다. 제한 조건을 보면 보·차도가 구분된 2차로 이상의 도로와 접해야 한다고 명시되어 있습니다. 그 말은 곧 건물 옆에 차로와 구분되는 보도가 있어야 한다는 말과도 같습니다. 이해를 돕기 위해 다음의 두 개의 사진을 보시죠.

주택 옆 보도와 차도가 구분된 2차로

주택 옆 보도와 차도가 구분되지 않은 도로

첫 번째 사진을 보면 명확하게 건물 옆에 보도와 차도가 구분된 2차로가 존재합니다. 하지만 다음 사진을 보면 건물 옆의 보도와 차도가 구분되지 않습니다. 물론 아예 방법이 없냐고 묻는다면 아직 낙담하기는 이르다고 말씀드리고 싶습니다. 예를 들어, 향후 재건축을 진행할 때 보도를 신설하는 조건 같은 우회 사항이 있을 수도 있으니까요.

이렇게 기준을 두고 몇 곳의 현장을 방문했을 때, 아직 많은 투자자들이 관심을 가지고 있지는 않아 보였습니다. 그래서인지 생각했던 것만큼 호가가 높지 않은 지역도 존재했습니다. 어떤 지역의 지하층은 다른 지역 1종 고도지구 지상층과 비슷한 곳도 존재했습니다. 참고로 이번 발표에서 **고도지구, 자연경관지구는 종 상향 불가 대상입니다.** 이 점 반드시 기억해야 합니다.

그럼 지금부터 주요 지역들을 몇 가지 조건을 근거로 앞서 해제구역을 설명했을 때처럼 살펴보도록 하겠습니다.

— 개포동

첫 번째 지역은 **개포동**입니다. 그중에서도 포이초등학교 남부를 보겠습니다. 이 지역은 최근 신규 입주한 래미안 포레스트의 옆 지역이라 주택 입지로서의 조건도 양호하고 시세도 탄탄합니다. 이는 현재 래미안 포레스트의 호가를 보면 예상할 수 있습니다.

개포동 포이초등학교 남부 전경

이번에는 노후도를 비롯한 정비구역 지정을 위한 요건을 보겠습니다. 물론 아직 명확한 구역 설정 단계가 아닌 만큼 면밀하게 검토할 수는 없지만, 건물의 외형이나 노후도를 봤을 때 기본적인 노후도는 충족할 수 있을 것으로 보입니다. 아직 구역을 지정하지 않은 만큼 향후 어떻게 구역을 지정하느냐가 관건이겠지요.

출처: 부동산플래닛

그래서일까요? 이 지역은 유일하게 매수세가 있었던 곳입니다. 투자자들은 주로 상대적으로 시세가 저렴한 반지하 매물을 주로 매수하려하였고, 현장 방문 당시에 매수를 진행 중인 건도 있었습니다. 이 지역은 투자자의 경우 취득세 중과를 감안해야 하는 지역임에도 말이죠.

그 외에도 개포동에는 다른 지역도 존재했습니다. 개포 1단지와 2단지 사이 지역인데요. 준주거와 7층 제한 2종 주택이 혼재된 지역으로 향후 개포 1단지가 입주를 시작하면 진정한 준주거지역으로 업그레이드될 곳입니다. 일단 입지 평가를 할 필요가 없는 곳이라는 의미죠. 개포 1단지 이외에도 인근에 재건축단지들이 많아 재건축 완료시까지도 지속적인 시세 상승이 일어날 확률이 높습니다. 노후도도 충족할 지역에다 인근 지역이 개발을 진행 중이니 사업성에 대한 평가도 나쁘지 않았습니다.

하지만 **예상과는 달리 현장의 목소리는 조금 달랐습니다.** 의견이 나뉜 이유는 흥미롭게도 인근에 재건축단지가 많기 때문이라고 합니다. 이 지역 주민들은 소규모로 직접 재건축을 하기보다는 차후 개포 1단지가 입주하는 시점에 맞춰 이 지역이 상가 지구로 개발되길 희망하는 사람들이 꽤 많다고 합니다. 차후 개포 4단지까지 입주를 완료하면 근처 세대가 거의 1만에 달하므로, 직접 재건축을 진행해서 시세차익을 노리기보다는 향후 리모델링이나 건물을 허물고 새로 지어 근처 주민들의 먹거리 상권으로 자리 잡도록 하겠다는 것이죠.

이런 흐름 때문인지, **시세가 올랐음에도 불구하고 매물이 거의 없습니다.** 갭도 많이 벌어져 있죠. 게다가 개포 1단지 이주 후에는 전세 임차인도 잘 구해지지 않는 편이라 향후 갭이 더 벌어질 가능성도 있습니다. 신중하게 접근해야겠죠.

— **우면동**

이번엔 개포동을 떠나 다른 강남구의 7층 제한 2종 주거지역을 찾아보겠습니다. 강남구의 끝자락에 있는 **우면동**에는 LG전자의 R&D

센터가 있습니다. 그 인근에는 우면동 주거지역이 있는데 이 지역도 제법 오래전에 개발을 진행한 터라 현재 노후도가 충분합니다. 게다가 인근 지역인 장군마을이 2025년을 목표로 재개발 사업을 진행 중이니 기대감은 높습니다. 현재 재개발지역 근처에 대기업의 중요 시설이 존재하는 만큼 수요도 충분한 지역으로 평가받고 있죠.

출처: 부동산플래닛

다만 추가적으로 고려해야 할 체크 포인트는 노후도를 보면 알 수 있듯이 곳곳에 신축 빌라들이 꽤 많이 들어서 있습니다. 이 신축 빌라들을 피해서 구역을 설정하는 일은 쉽지 않아 보이니, 자연스럽게 주변 길은 그대로 두고 가로주택사업을 진행하는 것도 좋겠다는 생각이 들었습니다. 아무래도 **분양가상한제는 가로주택사업지에는 적용되지 않으니 사업성도 더 좋겠지요.**

지금까지 강남구에서 소규모 재개발이 가능한 몇 곳을 둘러보았습니다. 그간 사업성의 문제가 아니라 각종 규제로 인해 발목이 잡혔던 터라 이번 서울시의 규제완화정책 발표가 새로운 활력소로 작용할 수도 있을 겁니다. 비록 소규모더라도 고급화 전략을 잘 취한다면 수요가 증가하여 시세가 상승할 것으로 예상되는 곳들도 보이기도 하지만, 이렇게 되기까지 사업 진도를 쉽게 진행하기 어려워 보이는 곳도 존재하는 만큼 충분히 공부한 다음 접근하길 바랍니다.

— 일원동

다음은 강남구 **일원동**의 대청마을을 답사해 보겠습니다. 강남구 일원동 대청마을은 개포동 30억 원 라인(신축 아파트 84㎡ 가격대)에 3호선 역세권이고, 근처에는 명문 학교들과 삼성서울병원이 자리 잡고 있으며, 위례신사선의 소금재역이 들어설 입지라는 교통 호재까지 있는 지역입니다. 최근에는 전면 재개발에 대한 움직임도 보이면서 더욱 주목받고 있죠. 그럼에도 실투금 3억 원대 매물도 있던 터라 투자 금액이 **강남구가 맞냐며 묻지마 매수가 이뤄지기도 했던 지역이죠.** 지금도 그럴까요? 꼼꼼하게 검토해 봅시다.

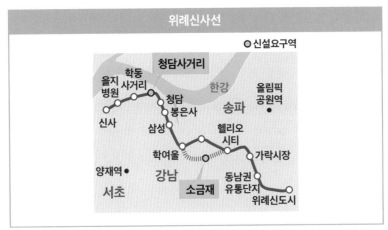

위례신사선

청담사거리
신설요구역
을지병원
학동사거리
청담
한강
올림픽공원역
신사
봉은사
송파
삼성
헬리오시티
학여울
가락시장
양재역
강남
소금재
동남권유통단지
서초
위례신도시

출처: 한경

대청마을 전경

삼성병원

루체하임

디에이치자이

임장 조사 날짜: 2021년 3월 30일

대청마을은 1980년 개포 택지개발계획에 따라 개발된 택지지구로 1종과 2종 주거지역이 혼재한 저층 주거지입니다. 따라서 종 상향이 필요한 지역이기도 하죠. 반면 필지가 반듯하고 크기도 정형화되어 있어 과소 필지나 접도율, 호수밀도 등이 양호합니다. 이 말은 재개발 필요조건이 충족되지 않는 면도 있다는 뜻이며, 반대로 빌라 업자들은 매우 선호하는 지역이라는 의미이기도 합니다. 게다가 기반시설도 강북의 재개발 예정지보다 양호한 편으로 수시로 보수공사도 이루어지고 있어 개발 후순위로 밀릴 가능성도 있습니다.

그럼에도 연차가 오래된 지역이라 20년 전부터 인근 저층의 주공단지처럼 단독주택의 재건축을 추진하기 시작했고, 오세훈 서울시장의 과거 재임 시절에도 꾸준히 재건축을 제안했다고 합니다. 그 당시 개발 기대감으로 빌라 시세가 2006년 5.5억 원 선까지 올라가서 금융위기 이후 2015년 2억 원 초반까지 떨어지기도 했죠. 그 이후 다시 상승하여 2021년에 6억 원 선까지 회복되기도 했습니다.

이후 박원순 서울시장 시절인 2016년에 개포 택지지구 지구단위계획이 수립되면서 드디어 아파트를 제외한 5층 미만 다세대 및 연립주택의 개발이 허용됩니다. 기반시설이나 여건 등을 고려하여 필지별 건립 세대 수를 10 이하로 제한했는데, 이때부터 단독 또는 다가구주택의 신축 빌라 전환이 시작됩니다.

소유자들은 지구단위계획이 수립되기 전부터 꾸준히 전면 개발을 위한 종 상향을 요구했으나 허가가 나지 않았습니다. 이후 2018년부터 신축 빌라가 빠르기 늘기 시작했고, 방송에 이 지역이 유망 투자처로 등장하기 시작했죠. 이런 시장의 흐름이 지속되니 다시 개발하고자 하는 움직임이 일어납니다. 결국, 이렇게 되다 보니 공공개발이라면 무조건 손사래부터 치던 강남구에서 거의 최초로 도심공공 주택복합사업을 신청합니다.

굳이 이렇게 과거 스토리까지 길게 말씀드리는 건, 유튜브 채널이나 방송에선 이 지역이 전면 개발되리란 장밋빛 미래가 한가득이었지만, **전면 개발 시도가 이번이 처음이 아닌 데다가 그간 수차례 엎어진 바 있었다는 것을 다시 한번 상기하기 위함입니다.** 자발적인 시도로는 일이 진전될 수 없었기 때문에 도심공공 주택복합사업을 신청할 수밖에 없었다는 것이지요. 왜 이런 강북권 사업 같은 것을 강남구에서도 신청했을까요? 해답은 간단합니다. 제아무리 강남이라도 재개발을 추진할 방법이 없다면 어떻게든지 추진을 해야 하기 때문이겠지요.

이렇게 **공공사업으로 추진하게 된 이면**에는 크게 세 가지 이유가 있다고 봅니다.

우선 전면 개발에 대한 대안이 없기 때문입니다. 현 정부에서 강남 재건축은 민간사업으로도 쉽지 않은 일입니다. 그러므로 정부가 주도하는 공공사업에 편승하려는 것이죠. 물론 선정되더라도 주거 여건이 양호하기 때문에 후 순위로 밀릴 가능성도 있습니다.

두 번째로 소유자들의 관심을 유도하기 위함입니다. 오랜 기간 여러 차례 실패한 탓에 실수요자들이 개발에 대한 관심이 낮습니다. 그들의 움직임을 독려하기 위함이죠.

세 번째 이유는 신축 빌라가 계속 들어서는 것을 억제하기 위함입니다. 실수요자들의 움직임을 독려해 더 이상 신축 빌라 건축을 막고 노후도를 보존하려는 일환이죠. 그래서 현지의 공인중개사는 빌라 소유자들 위주로 신청 동의서를 징구하여 일단 강남구청에 12%를 먼저 제출했고, 최근 추가로 20%까지 징구했다고 말했습니다.

대청마을 먹자골목

임장 조사 날짜: 2021년 3월 30일

말씀드린 대로 동의서 10% 징구까지는 수월히 해냈습니다. 그럼 다음 단계로 넘어가기 위해 소유자 2/3의 동의를 얻어 사업 단계까지 진행할 수 있을까요? 쉽지 않은 작업입니다. 일단 소유자들과 개발업자들의 이해관계가 복잡합니다. 먼저 **구역 내 다주택 투자자는 의외로 반대하는 입장입니다.** 이유는 도심공공주택복합사업이 진행되면 **단 한 건의 우선공급권만 배정되기 때문이죠.** 그럼 서둘러 나머지를 처분해야 하는데, 공공재개발처럼 바로 토지거래허가구역으로 지정되면 매도할 시간이 부족하기 때문입니다. 반면 민간재건축이나 재개발로 추진하게 되면 시간은 충분해집니다.

단독주택과 다가구 소유자들은 무관심한 듯하지만, 속내는 반대에 가깝답니다. 빌라 업자들이 대거 매수하면서 시세를 들어 올렸는데, 공공주도로 헐값에 수용하겠다면 그들로선 차라리 빌라 업자들에게 매도하는 것이 더 유리하기 때문입니다. 이 지역 단독주택의 최저 시세가 30억 원인데 과연 LH나 SH에서 이 가격을 수용할지는 미지수로 보입니다. 비슷한 이유로 단독주택과 다가구를 계약한 빌라 업자들도 반대합니다. 2·4 대책 이후 매수자는 현금 청산 대상이라 분양이 쉽지 않기 때문이죠.

용산구(임장 조사 날짜: 2021년 2월 6일)

이번에 알아볼 지역은 용산구입니다. 5월 용산 지구단위계획안 열람이 공고되면서 서울시장 선거 후 잠시 잊혀졌던 용산에 대한 관심이 다시 증가하고 있습니다. 6월 초에 효창동에 매수세가 몰렸다는 뉴스를 접하고 방문해서 확인해 보니 사실이 맞았습니다. 하지만 **최근 매수 정보가 빠르다 보니 매수 행위가 추가될 때마다 매물이 줄어드는 속도가 가속화되어 현재 매물이 동이 나는 상황까지 왔다고 합니다.** 결국, 용산에도 '역세권 개발'이라는 바람이 불 수도 있겠다는 생각이 들어 이곳의 빌라 트렌드를 현장 답사 이야기로 전달해 드리도록 하겠습니다.

임장(기록)일: 2021년 6월 7일

　역세권 공공임대주택 사업의 강점은 서울시 조례보다 구역 지정 요건이 수월하다는 점입니다. 일단 노후도 부분도 60%로 조례 기준 2/3보다 낮고, 30년 이상 건축물도 30%만 넘으면 됩니다. 또한, 과소 필지나 저층 건물 등의 조건도 조례보다 수월합니다. 이런 조건을 적용해 보면 용산구에서 **가장 주목받을 만한 지역은 원효로 지역과 효창동 지역**으로 좁혀집니다.

　물론, 아직 역세권 바람이 불지는 모를 일이나 일단 선도 구역이 지정되면 다른 지역들이 그랬던 것처럼 주변 지역까지 우후죽순 매수 행위가 뒤따를 가능성이 있습니다. 이렇게 진행되려면 먼저 인허가권자인 서울시장의 의지와 지역 내 부동산의 노후도 유지가 무엇보다 중요합니다. 일단 서울시장의 의지를 추정해 보자면, 다시 민간에서 역세권 사업이 시작되려고 한다는 것은 10년 전 전임 오세훈 서울시장의 시절로 추정할 수 있습니다. 과거 서울시장 임기 시절 직접 진행하던 사업이었는데 서울시장이 바뀌면서 사장되어 버리고 만 것이죠. 2021년 재보궐선거로 다시 오세훈 시장이 취임하면서 사장되었던 사업이 재개될 거란 기대감 때문에 재등장한 것입니다. 또한, 용산의 두 지역은 **국토교통부와 서울시에서 원하는 임대 물량이 풍부하므로 민간에서도 가능성이 있겠다**고 판단한 것이죠.

— **원효로**

원효로1가는 총 3,899세대 중 임대 세대가 41%고, 효창동은 임대세대가 40%입니다. 이 조건의 의미는 재개발이 진행되면 임대 물량을 많이 확보할 수 있다는 겁니다.

    서울시장의 의지가 확인되었다면 그다음으로 노후도를 검토할 필요가 있습니다. 노후도 유지의 가장 큰 걸림돌은 역시 신축 빌라입니다. 원효로 인근이든 청파동이든 그간 빌라 업자들은 개발 호재를 적극적으로 활용해가며 신축 빌라를 분양해 왔습니다. 곧 전면 개발의 첫 단추인 행위 제한이 시작될 것이라고 홍보하며, 실투금이 작은 신축 빌라를 추천하곤 했지요. **빌라 판매 컨설턴트들은 유명 유튜브 채널 등을 활용하여 많은 빌라를 구매하도록 꽤 많이 유도했습니다.** 이렇게 연이어 분양에 성공했고 지금도 신축 빌라의 건축과 판매는 계속되고 있습니다. 이들과는 반대로 재개발 사업을 원하는 지역 추진

위는 노후도 유지를 위해 신축 빌라 건설을 저지하고 있으나 쉽지는 않아 보입니다.

원효로1가

　　두 지역을 좀 더 세세하게 살펴보도록 하겠습니다. 현재 이 일대 역세권 사업은 원효로1가와 원효로2가, 효창동에서 각각 추진 중입니다. 가장 앞서 주도하는 지역은 원효로1가로 3월에 2차 공공재개발 낙방 후 빠른 속도로 역세권 사업으로 선회하여 준비 중입니다. 4월에 추진위가 주민의 동의 50%를 넘겨 용산구청에 사전검토를 신청하였고, 5월에는 용산구청에서 서울시로 사전검토 서류를 넘겼습니다. 이후 6월에 서울시에서 추진위로 일부 보완을 요구했다고 합니다.

그렇다면 우선 재개발 진행을 위한 조건부터 충족되어야겠지요. 그간 신축 빌라가 대거 난립하면서 지속해서 노후도 부족 요건을 지적받아왔습니다. 그래도 용산구청에서 서울시청으로 사전검토를 넘긴 것을 보면 조건 충족이 아예 불가능한 것은 아닌 듯합니다. 주민들의 의지도 제법 강력합니다. 현재 67%의 동의율을 달성했다고 합니다.

원효로1가는 2차 공공재개발 낙방 구역 중에서 가장 빠르게 대안을 찾아 활동하는 곳이라고 할 수 있습니다. 이런 움직임은 인근 효창동과 원효로2가에도 크게 자극을 주었습니다. 이 지역의 이런 사례는 같은 용산구인 한남1구역(뉴타운 해제구역)을 벤치마킹할 수도 있습니다. 구 한남1구역도 관심을 가질 필요가 있는 것이죠.

지금까지 현장의 매물을 알아보았습니다. 중개업소에서는 역시 신축 빌라를 분양받는 것을 적극적으로 추천하고 있습니다. 2020년 10월에 현장에 갔을 때보다 분양가가 거의 6,000만 원가량 올랐음에도 말이죠. 하지만 청산이 될 수 있는 도심공공 주택복합사업 후보지의 선정 여부가 결정되지 않았기에 **여전히 리스크가 존재합니다.** 그런데도 이미 꽤 많은 계약이 진행됐다고 합니다.

— 효창동

효창동

임장 조사 날짜: 2021년 6월 8일

다음은 **효창동**입니다. 원효로1가에서 시작된 역세권 투자 바람이 길 건너 효창동으로까지 불었습니다. 바로 재개발구역 지정에 필요한 조건부터 확인하면 일단 노후도 충족은 불투명해 보입니다. 그런데도 가칭 추진위에서는 현재 노후도 충족을 확인하고 활동을 시작했다고 합니다.

다음으로 주민들의 의지는 현재 추진위 사무실을 개소하여 이제 동의서 징구를 시작했기 때문에 아직까지는 동의 비율이 얼마나 될지 정확히 파악되진 않았습니다. 흥미로운 사실은 독자적으로 재건축을 추진 중이던 효창 한신아파트의 합류입니다. 이미 예비 안전진단도 통과한 단지인데 말이죠. 용산구 내 안전진단을 통과한 단지이기 때문에 현재 매물이 없습니다.

정리하면 원효로1가에서 시작한 역세권 사업 바람이 효창동으로 건너갔고, 원효로2가로 넘어갈 수 있을지 지켜볼 필요가 있습니다. 일단 선도 사업이 한두 건만 지정되어도 서울 곳곳으로 바람이 불 가능성이 있으니 예상 후보지를 미리 찾는 것도 공부가 될 듯합니다. 여러 번 강조하지만 가장 중요한 체크 포인트는 노후도입니다. **노후도를 확인하지 않고 바람이 분다는 이유만으로 매수 행위를 해서는 안 됩니다.** 이 점 절대 잊지 않기 바랍니다.

용산전자상가(임장 조사 날짜: 2021년 2월 4일)

이번에 알아볼 썩빌 트렌드는 조금 특별합니다. 용산에는 우리가 흔히 전자제품의 메카라고 부르는 용산전자상가가 있습니다. 그만큼 용산구에는 오래전부터 전자제품을 비롯한 여러 물건을 판매하는 상가가 많습니다. 부동산 개발 측면에서 볼 때 이 상가 중 연식이 오래되어 개보수가 필요한 곳들이 꽤 있습니다. 게다가 용도로 보면 일반상업지역이기 때문에 용적률까지 높으니 입지 조건은 금상첨화인 것이죠. 지금부터 조금 특별한 썩빌 트렌드인 **'썩상'**에 대해서 알아보겠습니다.

용산전자상가의 청사진(구 용산관광버스터미널, 현 드래곤시티)

임장 조사 날짜: 2021년 2월 6일

　용산전자상가는 큰손들의 영역이긴 합니다. 과거 서부 T&D가 용산관광버스터미널을 드래곤시티로 개발한 것이 용산전자상가 개발의 한 가지 모범사례니까요. **현재 용산전자상가의 메인 투자자는 나진상가를 대거 인수한 사모펀드 IMM입니다.** 전자타운 재건축 추진의 핵심이죠. 이 이야기는 뒤에 더 자세히 다루도록 하고 좀 더 일반투자자들이 접근할 수 있는 상품을 알아보겠습니다.

　큰손들을 피해 개인투자자가 접근할 수 있는 용산전자상가는 총 3곳입니다. 바로 선인상가, 원효전자상가 그리고 전자타운이죠. 이야기에 앞서 먼저 3곳의 규모나 면적, 대지주 등을 정리하면 다음과 같습니다.

개인투자자 거래가능 상가(3개소)			
구분	① 선인상가	② 원효전자상가	③ 전자타운
입주	1974.06	1974.10	1993.03
용도	일반상업지역	일반상업지역	3종?
규모	7층	4층	상가 8층(377호) / 아파트 7층(64세대)
토지면적	5,121평(13필지)	2,623평(13필지)	1,082(2) / 279(1)
건물면적	15,192평(2동)	7,045평(2동)	5,479(1) / 1,290(1)
현 용적률	297%	269%	506% / 462%
토지주	대지주 없음 개인 100%	대지주 서울시 약 25% 잔여 개인/서부 T&D 소유	대지주 IMM 약 43% 잔여 개인 소유
개략시세	1.0~1.2억/평 수익률 2%	매물없음	최근 상가 1.4억/평에 계약

임장(기록)일: 2021년 2월 4일

먼저 전자타운의 상황을 보면 아직 재건축 연한이 되지 않았음에도 2020년 9월 무렵부터 개인 소유자들에 의해 재건축 움직임이 일어나기 시작했고, 같은 해 11월 무렵부터 추진위 동의서가 징구되기 시작했습니다. 그런 탓인지 최근 들어 재건축을 기대하는 투자자들의 유입이 크게 늘었다고 합니다. 투자자들은 주로 대출이 가능한 상가 위주로 매수를 진행하고 있답니다.

하지만 매물이 부족한 탓에 인근의 선인상가로 건너가 조건에 맞는 매물들을 요구했고, 그렇게 10건 정도의 계약이 이뤄졌다고 합니다. 매물이 이제 떨어졌다고 생각할 수 있으나 현장에서는 21동만 1,360호 상가인 만큼 추가 매물이 나올 것이라 말하고 있습니다.

지금까지의 매매 행위와 다른 점은 그간 선인상가 매수자들은 대체로 수익형 투자를 원하는 40~50대였습니다. 수익형 투자자들에겐 월세 수익률이 가장 중요한 매매 조건이었고, 그만큼 시세 변동이 크지 않았죠. 하지만 최근 갑작스레 30대 시세차익형 투자자들이 대거 찾아오면서 호가가 상승하기 시작했다고 합니다. 하지만 이번 투자자들은 매물도 없고 매매 금액이 5억 원을 상회하는 원효전자상가에는 손대지 않은 듯합니다. 아무래도 최근에 유입된 투자자들은 이른바 썩상의 개발을 기대한 매수자인 것으로 판단됩니다. 따라서 그 개발 가능성을 검토해야 합니다. 그래서 제대로 된 투자를 했는지 할 것인지 알 수 있을 테니까요.

전자타운(A, B동)

A동 아파트

B동 상가

임장 조사 날짜: 2021년 2월 6일

전자타운은 한 동은 아파트, 한 동은 상가인지라 개발 난이도가
높습니다. 예상할 수 있는 개발 방향은 다음 세 가지입니다. 먼저 도
정법에 따른 재건축이 있을 것이고, 건축법에 따른 재건축, 마지막으
로 최대 지주 IMM이 전 호실을 매입한 후 개발하는 것이 있을 수 있
습니다. 현실적으로 본다면 가칭 추진위의 의향보다는 IMM의 개발
의도가 중요하다고 볼 수 있겠지요.

세 가지 방향을 좀 더 자세히 살펴보겠습니다. **먼저 도정법에 따
른 재건축을 추진하는 경우**에는 상권 쇠퇴로 소유자들은 다들 아파
트를 받고 싶어할 것인데, 도정법에 의하면 상가 소유자들은 상가만
배정받을 수 있습니다. 그렇다면 사업이 지지부진해질 가능성이 크

죠. 더군다나 현재 아파트는 지분이 6평인 반면, 상가는 지분이 2~3인 상황이라 종 상향이 이뤄지더라도 지분 2~3평으로는 아파트 최소 평형도 배정이 어려운 상황입니다. 이렇게 되면 최대 지주이자 사모펀드인 IMM은 현금청산을 택할 가능성이 큰데 조합에서 지불하는 것이 가능할지는 모르겠습니다. 아무래도 IMM의 상가 지분이 43%니 최근 가격대를 적용해 보면 약 650억 원 상당의 규모니 말이죠.

두 번째로 건축법에 따른 재건축을 진행하려면 상업지역이나 준주거지역이어야 합니다. 현재 전자타운이 3종인지는 확인이 필요하죠. 더불어 신축 세대수가 300세대 및 전용면적이 297m²이어야 하죠. 또한, 소유주의 100% 동의가 필요한데 이렇게 되는 것은 거의 기적에 가깝습니다.

정비사업을 경험해본 분들은 아시겠지만, 앞서 설명한 두 방법으로 진행하는 것은 어려워 보입니다. 결국, 대지주인 IMM에서 물량을 전량 인수하여 시행하는 것이 가장 현실적인 것으로 생각됩니다. 물론 IMM의 목적은 모릅니다. 현재 전자타운의 지분은 작고한 나진산업의 전 회장이 생전에 매수한 건으로 이후 IMM은 나진산업을 인수하면서 전자타운의 지분까지 함께 인수했습니다. 현장에서는 IMM은 사모펀드이므로 용도변경을 통한 매매차익을 추구할 것이지 서부 T&D가 드래곤시티를 건설한 것처럼 직접 개발을 추진하지는 않으리라 보고 있습니다. 이렇게 쉽지 않은 상황에도 불구하고 요즘 같은 유동성에서는 일단 매물부터 찾는 게 일상이죠. 이후 후속 투자자를 기다리는 게 당연시되었죠.

— 나진상가와 선인상가

임장 조사 날짜: 2021년 2월 6일

그럼 이어서 나진상가를 살펴보겠습니다. **현재 이 지역은 공실이 많습니다.** 왜 그런지 보려면 우선 과거의 이 지역으로 가야 합니다. 전자타운을 제외한 용산의 전자상가는 모두 일반 상업지역의 유통 업무설비시설입니다. 이는 나진상가도 마찬가지죠. 과거 이 지역은 청 과물 시장이었습니다. 하지만 청과물 시장이 가락동으로 이전하면서 용도에 맞게 세운 상가에 전자제품 판매업체들을 유치한 것이죠. 그렇다고 새로 개발할 때도 과거처럼 유통업무설비 용도로 개발하길 원할까요? 과거는 과거일 뿐 누구나 이곳을 주거와 상업시설이 혼합된 주상복합과 판매시설로 개발하길 원할 겁니다.

그러기 위해서는 우선 용도부터 바꿔야 합니다. 그렇게 쉬운 일은 아니죠. 그만한 환경이 조성되어야 검토를 시작할 수 있을 겁니다. 그래서 시행사 입장에서는 상권이 활성화된 용산전자상가가 아니라 쇠퇴한 용산전자상가가 필요할 겁니다. 그 일환으로 IMM은 나진상가 임차인의 임대차 기간이 종료되면 내보내고 공실 상태로 둔다고 합니다. 공실이 많으면 아무래도 쇠퇴가 빨라지기 때문이겠지요.

임장 조사 날짜: 2021년 2월 6일

이렇게 **나진상가에서 퇴거한 상인들이 선인상가로 몰리고 있답니다.** 비록 용산전자상가는 쇠퇴했다지만, 선인상가는 경쟁력 있는 임대료로 공실이 거의 없다고 합니다. 이러한 배경을 바탕으로 선인상가의 개발 가능성을 살펴보겠습니다. 현재 선인상가도 소유자들이 유통업무설비의 용도를 변경하려는 의향은 있으나, 코로나로 인해 상가 조합이 모이지 못해 진행이 더디다고 합니다. 현 정부의 부동산 정책을 고려했을 때 쉽지 않을 거란 의견도 존재합니다.

사실 개발의 의지가 있더라도 선인상가는 지분 문제가 있습니다. 투자자들이 찾는 2억 원 이하의 상가는 대부분 지분이 1.5평 내외고, 이를 기준으로 개발 후 평형을 개략적으로 계산해보면 다음과 같습니다.

- 지분 1.5평×허용용적률 800%=12평
- 12평-기부채납 2.4평(20%)=9.6평
- 9.6평×전용률 50%=전용 4.8평

딱 오피스텔 원룸 규모 수준의 평형이 나오죠. 물론 이 조건은 소유자가 용적률 800%를 모두 가져갔기에 일반 분양이 없습니다. 즉 시공비 전액을 소유자가 부담하는 것이죠. 근처 용산푸르지오써밋 오피스텔의 최저 평형이 7.3에 호가가 4.6억 원 정도이니 선인상가를 오피스텔로 개발했을 때 호가는 약 3.2억 원 선으로 계산이 됩니다. 물론 현금청산을 원하는 사람들이 대거 늘어난다면 평형도 늘어나고 일반 분양도 가능해지겠죠. 대신 조합원들의 부담금이 그만큼 늘어날 겁니다. 이런 낮은 사업성 때문에 40년이 넘도록 개발에 어려움을 겪고 있는 것이 아닌가 합니다.

임장 조사 날짜: 2021년 2월 6일

임장 조사 날짜: 2021년 2월 6일

지금까지 서울 여러 지역의 썩빌 트렌드를 알아봤습니다. 종류도 다양하고 지역도 다양한 터라 모두 다루지는 못했습니다. 사실 한 번씩 부각되었던 모든 지역을 다루지 못한 이유가 있습니다. 썩빌의 설명 서두에 말씀드렸던 것처럼 서울의 썩빌 트렌드는 여러 변수 때문에 **프리미엄이 발생하기도 전에 투자 시장에서 사라진 곳들이 많습니다.** 오히려 서울 규제로 인한 풍선 효과로 인해 지방의 대도시 내 썩빌 트렌드가 더 인기 있는 곳이 많아졌죠. 서울 시장을 마무리한 다음에는 지방의 썩빌 트렌드를 알아보겠습니다.

현재 진행형인
지방의 극초기투자

Chapter 3

킬링 포인트　　전국 거래량의 상위 지역이 인천의 만수동, 구월동, 주안동이 었습니다. 도대체 어떤 투자 스토리가 있었기에 서울도 아니고 경기도도 아 닌 인천의 작은 지역들이 거래가 많았을까요? 이것을 파악하는 것이 극초 기투자의 핵심입니다.

　　정부의 규제로 인해 **서울에서의 썩빌 투자 움직임이 생기를 잃자 투자자들의 눈은 수도권으로 향하기 시작했습니다.** 하지만 수도권에 서도 법인 토지거래허가제가 시행되면서 크게 성행하지는 못했죠. 이 런 와중에 풍선 효과로 인해 큰 반사이익을 얻은 지역이 있었습니다. 바로 인천입니다.

인천

인천은 썩빌 트렌드에서 가장 많은 투자처가 생겼고, 실제 투자자들이 많이 몰렸습니다. **인천 부동산의 강점은 다른 수도권 지역과 비교했을 때 낮은 실투자금입니다.** 정말 시세가 낮습니다. 반면 약점 역시도 실투자금과 관련되어 있는데, 실투자금이 조금이라도 상승하게 되면 바로 수요가 다른 구역으로 이탈해 버린다는 점입니다. 앞서 설명한 사례의 지역으로 인천의 만수르빌이나 구월동 등의 대표적인

출처: 네이버 부동산

초기 구역은 이미 여러 차례 투자자들이 유입되었고, 시세가 상승하여 현재는 다른 지역으로 투자자들이 분산된 상황입니다.

또한, 인천의 또 다른 특징 중 하나는 수도권과의 연계성입니다. 공공재개발이나 민간재개발 등으로 인해 서울의 극초기투자 지역으로 투자자들이 다시 유출될 수도 있다는 겁니다. **그만큼 서울 대비 수요 기반이 약하다는 것이지요.**

우선 인천에서 소액 투자 지역으로 가장 많이 언급된 곳부터 보겠습니다. **주로 만수동, 구월동, 주안동을 중심으로 시작된 인천 소액 투자지에서는 흔히 사람들이 만수르빌이라 부르는 만수 1, 2구역이 가장 중요한 지역입니다.** 이 지역이 올라야 후속 구역들도 뒤따라 상승한다는 패턴이 있을 정도죠. 이 패턴이 계속 반복되려면 경쟁이 될 만한 신규 투자 구역이 더 이상 나타나지 않거나 만수르빌의 동의서 징구 속도가 빨라져야 합니다. 일단 인천은 신규 유망 지역이 발생할 경우 자금 유출이 빠른 탓에 현재는 처음 시작되었던 투자 지역의 움직임은 조금 주춤한 상황입니다.

임장 조사 날짜: 2021년 2월 6일

현재 만수동 지역은 2021년에 추진위원회 사무실까지 오픈하면서 동의서 징구를 진행 중입니다. 이 과정에서 처음보다 구역이 확대되었고 징구율은 2021년 6월 현재 약 15% 수준이라고 합니다. 공실 매물도 여럿 있는 것으로 보이는 만큼 징구율 확보 속도가 그리 녹록하지 않아 보입니다.

일단 초창기 지역은 잠시 접어두고 최근에 시작된 지역들을 알아보겠습니다. 다음으로 알아볼 지역은 신현동과 가정동입니다. 이 지역들은 구월동, 만수동을 비롯한 인천 구도심 지역과 구분해서 언급되고 있습니다. 두 가지 큰 호재의 영향 때문인데요. 먼저 근처에 **루원시티라는 대규모 주거 단지가 입주할 예정**이고, 현재 석남역까지 추가 개통된 **7호선이 청라신도시까지 연장 개발된다**는 호재가 터지면서 추가적으로 시세가 상승한다는 기대감이 있습니다. 게다가 이 지역은 현재 신규 경쟁 구역이 증가되는 것이 제한적이라 투자자들의 분산이 덜합니다.

여기에 최근 **인천 도시 및 주거환경정비조례가 개정되는 호재도** 있었습니다. 과거에는 동수 노후도가 70% 이상이었으나 2/3로 완화하는 것으로 개정되었고, 선택 조건이었던 접도율은 40% 이하, 과소필지는 40% 이상, 호수밀도 1헥타르당 70호 규제들이 조금씩 완화되었습니다. 이런 조건의 완화는 사전검토 신청에 유리하게 적용됩니다. 물론 아직 과거 기준의 주거정비지수가 존재하는 만큼 서울의 해제구역만큼 활발해지기까지는 시간이 좀 더 필요해 보입니다.

출처: 부동산플래닛

특히, 이 가정동과 신현동에서는 신현초등학교 인근 지역과 회화나무 인근 지역이 가장 활발하게 진행되고 있습니다. 신현초등학교 인근 지역은 과거 정비구역이었으나 2017년 정비구역에서 해제되었습니다. 과거 재개발에 대한 움직임이 있었던 만큼 다른 지역보다 빠르게 동의서가 징구되고 있습니다. 2021년 6월 현재 40%가량 진행되었다고 합니다.

임장(기록)일: 2021년 6월 25일

회화나무 지역은 신현초등학교 인근과는 다르게 외지에서 투자자들이 진입하면서 언급되기 시작했고, 2021년 봄에 투자자들이 한 차례 더 몰려들면서 관심을 받는 곳입니다. 6월 현재 약 10% 정도의 동의서를 징구했다고는 하나 아직 관할 행정부서에 신고는 하지 않왔다고 합니다.

두 지역을 비교하면 극초기투자에서 가장 중요한 요소인 갭은 신현초등학교 인근 지역이 회화나무 지역보다 많이 벌어져 있습니다. 하지만 도리어 시세 흐름은 거래가 빈번한 회화나무 지역을 기준으로 보는 경향이 있습니다. 아무래도 신안초등학교 인근 지역은 해제구역인 만큼 입주민들의 영향력이 강해 매물이 시장에 많이 흘러오지 않기 때문이죠.

마지막으로 알아볼 지역은 인천의 끝자락입니다. 초창기에 태동한 만수르빌을 기준으로 **남쪽으로는 남촌동이 있고 서쪽으로는 율목동이 존재합니다.** 인천 썩빌의 특성상 갭이 5,000만 원 정도가 되면 정체기를 맞죠. 그래서 투자자들은 금세 다른 지역으로 눈독을 들입니다. 인천의 끝자락인 두 지역은 썩빌 트렌드에 딱 맞는 요건들을 갖춘 지역입니다. 일단 끝자락이라 수도권치곤 가격이 매우 쌉니다. 매매가도 1억 원이 안 되는 곳이 많고 프리미엄이 붙지 않은 곳도 있습니다. 게다가 연식이 25~30년에 가까운 빌라들도 많고 매물도 많습니다. 이 세 가지가 충족되면 흥행성이 어느 정도 보장된다는 말이기도 하죠. 물론 가격이 싸다고 해서 개발 호재 없이 오르는 데에는 한계가 있습니다.

남촌동 전경

임장(기록)일: 2021년 7월 5일

직접 가본 현장에서 느낀 것은 일단 매매가뿐만 아니라 전세가도 낮고 수리가 필요한 집도 많았습니다. 끝자락이라 교통이나 생활 여건도 불편해서 임차인을 구하는 것도 만수동이나 구월동에 비해서 어려워 보였습니다. 한편, 율목동은 주거환경개선사업으로 추진될 거란 이야기도 있었습니다. 실제 인근 지역의 몇몇 사례가 있었습니다. 주거환경개선사업은 현지개량방식, 공동주택건설방식, 환지공급방식으로 구분하는데 그중 율목동에서 지지하는 방식은 공동주택건설방식입니다. 투자자한테도 가장 유리한 방식이죠.

율목동 전경

임장(기록)일: 2021년 7월 5일

아직은 정해지지 않은 소문일 뿐이지만, 투자자들의 문의가 있다는 중개업자들도 있었습니다. 하지만 과거 2011년에 재개발 바람이 불었을 때에도 투자자들이 잠시 유입되었다 떠난 사례도 있다고 하니 신중하게 판단할 문제로 보입니다. 그 외에도 주거환경개선사업의 충족 요건인 노후도는 50%지만, 그 이하도 가능하다고 합니다. 주민들은 인근 재개발구역의 사업 진행이 지지부진하니 조합보다는 수용을 원하는 소유자들도 제법 있다고 합니다. 매물은 있으나 전세가 많지도 않고 잘 나가지 않는 편이다 보니, 동인천역에서 가깝고 수리된 집을 고르는 게 그나마 합리적인 선택으로 보입니다.

지금까지 인천의 썩빌 트렌드에 대하여 알아보았습니다. 정리해 보면 인천은 만수동, 구월동으로 대표되는 구도심 지역과 가정동, 신현동을 중심으로 한 지역의 분위기가 다르다고 말씀드렸습니다. **구도심 지역은 투자자들의 분산 여부가 핵심 포인트고요.** 이는 인천의 대부분 지역도 마찬가지입니다. 반면 가정동과 신현동 주변은 인천이지만 다른 지역과는 트렌드가 조금 다릅니다. 구도심처럼 신규 경쟁 지역이 주변에 추가로 생길 가능성이 낮아 수요 분산이 덜하지만, 이미 **시세가 오르고 그만큼 전세가는 오르지 않아 갭이 많이 벌어져 투자하기에는 어려운 상황입니다.** 물론 향후에 투자자들이 추가적으로 유입될 가능성이 보인다면 인천의 끝자락이라고 할지라도 관심을 보일 필요가 있겠지요.

의정부(임장 조사 날짜: 2020년 12월 8일)

인천 다음으로 역시 수도권 지역 한 곳을 알아보겠습니다. 지금껏 인천은 수도권의 서쪽 종착점으로 여겨졌죠. 그 반대편에 존재하는 의정부도 마찬가지입니다. 북쪽 종착점의 역할을 해왔죠. 그동안 인천이 움직이면 반대편의 종착점이라 할 수 있는 의정부의 부동산도 함께 움직이는 패턴을 보이곤 했습니다. 두 곳 모두 2020년에 발표된 6·17 대책의 추가 규제지역 편입 여파로 한동안 매매가 잠잠했으나, 지방 지역의 급등으로 비교적 수도권 지역의 부동산이 저렴해 보이는 효과가 나타나면서 다시 시세가 움직이기 시작했죠.

의정부시 지도

**2020년 의정부에서 가장 화제성이 높았던 썩빌은 단연 '의서빌'
입니다.** 2020년 1월 초에 시작되어 추석 무렵까지 사람들의 입가에
가장 많이 오르내렸던 의서빌은 의정부 서쪽 빌라를 뜻하는 약어입
니다. 이 지역은 빌라가 워낙 많아 거래도 꽤 활발한 편입니다. 사실
경기도는 법인 토지거래허가제로 인해 썩빌 트렌드가 그리 활발한 지
역은 아닙니다. 그러나 이 의서빌은 상황이 달랐습니다. 노후도 및 사
업성 지적이 꾸준함에도 투자자들은 큰 의미를 두지 않고 매매하였
습니다.

의서빌은 가칭 1~4구역으로 나뉘어 거래되고 있는데, 이 중 1구역과 2구역은 2020년 말에 탐방했을 때에도 매물이 귀해서 거래는 주로 3구역과 4구역에서 활발하게 이뤄지고 있었습니다. 2020년 추석 때까지만 하더라도 갭이 2,000만 원대였던 매물들이 몇 달 지나지 않아 4,000~5,000만 원까지 벌어졌습니다. 그때도 단타 물건이 계속 시장에 등장해서 갭 6,000만 원 선 이상은 돌파하기 어렵다는 말들이 지배적이었습니다. 그럼에도 투자자들의 문의는 끊임없이 계속되었다고 합니다.

구 가능뉴타운 의가빌(의정부 가능동 빌라)

가능SK부

의서빌

임장(기록)일: 2021년 12월 7일

이런 의서빌의 성공 때문일까요? 의서빌 인근에 **후속 주자로 가능동 빌라들이 관심을 받았습니다.** 흔히 의정부 가능동 빌라를 줄여

'**의가빌**'이라 부릅니다. 하지만 이 지역은 결국 약간의 갭이 벌어지자 매물이 소진되면서 3일 천하가 되고 말았죠. 이후 한두 곳에서 재개발 사업의 움직임이 보이자 법인도 실수요자들도 결국 매도를 보류했고 법인 토지거래허가제로 인해 매수세까지 줄면서 거래가 끊겼습니다. 일각에선 지역 내 두 곳 정도가 가로주택정비사업을 추진 중이라는 이야기도 있습니다. 이 지역은 여전히 매물은 부족하나 반대로 노후도나 사업성은 양호하다는 평을 듣는 곳입니다.

부산

이번에는 수도권의 정반대 지역으로 가보겠습니다. 이번에 소개할 썩빌 트렌드 도시는 부산입니다. 부산은 서울에 이어 대한민국에서 두 번째로 크고 제2의 수도 역할을 담당하고 있는 도시죠. 그런데 **부산에서는 수도권과는 조금 다른 절차가 존재합니다. 바로 사전타당성 조사 신청인데요.** 부산은 정비구역 지정을 위해 행정구역에 사전타당성 조사를 신청함과 동시에 한 차례 호가가 올라가고, 그것이 통과되면 정비구역으로 대우받는 탓에 바로 시세가 껑충 뜁니다.

현재 부산도 2021년 보궐선거를 통해 개발 성향이 강한 새로운 시장이 당선되면서 초기구역 지정이 예상되는 지역들에서 소액 투자처들이 매우 활발하게 유입되었습니다. 나아가 주거환경개선지구까지 해제를 기대하면서 대거 진입 중인 모습을 보이기도 했습니다. 실제

전포3지구와 같이 **주거환경개선지구에서 해제된 후에 재개발구역으로 지정받으려는 사례도 있습니다.**

— 괴정뉴타운

　이런 부산의 사전타당성 조사 진행 사례를 근거로 몇 곳의 초기 지역을 다뤄보겠습니다. 우선 첫 번째 지역은 **괴정뉴타운**입니다. 2020년 가을만 하더라도 9개 구역이던 괴정뉴타운은 2021년 4월에 15개 구역까지 늘어난 상황입니다. 주로 부산 1호선을 중심으로 인근 지역으로 뻗어가고 있죠. 또한, 지역이 늘어날 때마다 투자자들이 빠르게 진입하고 있습니다. 하지만 대부분이 공주가 1억 원 이하의 매물이라 현재는 제법 갭이 벌어진 상황입니다. 그 안에는 동의율을 높이기 위해 구역을 통합하는 움직임도 있습니다. 예를 들어, 14구역과 15구역은 이미 통합되어 동의서를 걷고 있고, 10구역은 동의율 부족으로 길건너 지역에 편입하려 한다는 소문도 있습니다.

이 중 14구역과 15구역의 통합구역은 사업만 된다면 신축 5,500세대의 대단지가 되어 5구역과 함께 괴정뉴타운의 중심지가 될 입지로 꼽힙니다. 현장의 말에 따르면 2021년 4월 기준으로 사전타당성 검토 동의서를 70% 이상 징구했고 80%를 채워 제출하겠다고 합니다. 그 외에도 여러 구역에서 동의서 징구를 위해 움직이고 있는데,

괴정뉴타운 14구역과 15구역 전경

상권이 많아 난항을 겪고 있는 구역도 있고, 제법 많은 동의서가 징구된 지역도 있습니다.

하지만 괴정뉴타운은 이미 많은 투자자가 유입되어 매물의 갭이 벌어지면서 다른 지역으로 떠나는 투자자도 있습니다. 특히, 보수동이나 용호동이 관심을 받고 있죠. 먼저 보수동부터 알아보면 이 지역은 외부 투자자들이 유입되어 특정 지역에 집중된 모습을 보입니다. 일단 주거환경개선지구인 보수동은 취득세 중과 대상이지만, 매매가가 낮아 투자자들의 부담은 상대적으로 낮은 지역입니다. 3종 주거지역인 만큼 주거환경개선지구만 해제되면 재개발 가능성도 있는 상황이죠. 부산에서는 실제로 주거환경개선지구가 해제되고 재개발지구

보수동 전경

임장(기록)일: 2021년 4월 27일

로 지정된 사례가 있는 만큼 투자자들의 기대치는 제법 높다고 합니다. 지금은 전세 난항에 저가 매물이 일시에 소진되어 갭이 제법 벌어진 고가 매물들 위주로 남아있다고 합니다. 그래서인지 추가 매수세는 조금 떨어진 상황이라고 합니다.

— 용호동

사호연립 전경

다음으로 알아볼 지역은 용호동입니다. 이 지역은 도시 재생과 재개발 활동이 함께 진행되고 있습니다. 유입이 활발해 여러 구역으로 나뉘었습니다. 용호사거리를 중심으로 인근 지역 대부분이 썩빌 투자 구역으로 묶여 있습니다. 이 중 과거 용호4구역이던 사호연립은 현재 도시재생사업이 진행되고 있습니다. 사호연립은 한 동에 네 집이 있어서 '사(4)호연립'이라 부르죠. 지금은 도시재생해제 동의서를 제출하고 추가로 구역지정 동의서를 60%까지 징구하는 등 사업을 진행하려는 움직임을 보이고 있습니다.

대체로 용호동 지역은 이미 많은 투자자가 몰려 현재 소강 상태입니다. 소액 매물이 떨어진 것이 그 상황을 보여줍니다.

― 광안리 극초기구역

그래서 이번에는 최근에 새로 등장한 극초기구역을 살펴보겠습니다. 바로 광안리 극초기구역이죠. 다른 썩빌 투자 지역과는 다른 투자 형태를 보여주었습니다. 투자자들이 크게 통으로 지역을 매수하며 새로운 투자 트렌드의 가능성을 보여주었습니다. 현장에 문의해 보니 투자자 몇 명이 1명이 소유 중인 다세대 건물을 매수했다고 합니다. 국토교통부 실거래가에서 본 광안리 지역의 통 매수 현황은 다음과 같습니다.

광안리 극초기구역 통 매수 현황			
구분	광안5	광안7	그 외
5월	금강빌(16호, 17.2억) 다나한빌(24호, 35억) 명성갤러리(20호, 31억) 명성마이빌(17호, 13.7억) 정원스마일(22호, 23.1억)	없음	광안4구역 내 영원룸빌라(16호, 24억) 광안 A 장미원룸(11호, 10.2억)
6월	남강골드뷰(18호, 39.5억) 명성갤러리2(16호, 22.3억) 명성마이빌(5호, 8.8억) 한울(9호, 18억) 제이타운(10호, 19.2억)	골드리치하우스(15호, 16.8억) 광안비치빌2(20호, 25억) 리즈빌원룸(22호, 19.9억) 복신원룸(11호, 8.1익) 상상가(24호, 25.3억) 에버그린(25호, 30억) 정원래미안(19호, 25억) 지성에이스(16호, 15.3억) 해왕베스트빌라(9호, 5.9억) 블루스카이동경(9호, 5.6억)	광안4구역 외 보람모비빌(18호, 16.9억) 광안 A 드림밸리빌(5호, 6.2억) 광안6 전원베르니아(12호, 27.5억) 광안헤즈2차(6호, 14.2억) 광안힐링하우스(10호, 23.3억)
7월	[계속] 제이타운(9호, 17.2억)	[계속] 블루스카이동경(8호, 5억)	광안6 골든센텀빌(23호, 27.4억)

임장(기록)일: 2021년 7월 19일 | 출처: 국토부 실거래가

이렇게 통으로 매수하고 재개발 기대감을 심어주다 보니, 매물이 잠기고 결국 후속 투자자들이 진입하기 어려워졌다고 합니다. 매물이 하나씩 풀리면 그제서야 받아가는 거래만 이루어지고 있다고 합니다. 어느새 원룸 호가가 두 달 만에 두 배가량 뛰었음에도 이후 8월에는 다시 거래가 줄어들었다고 합니다.

─ 광안4구역

광안4구역 전경

그럼 지금부터 이 지역 내에서 가장 재개발 가능성이 높은 광안 4구역을 살펴보겠습니다. 이곳은 이제 본격적인 사업 검토에 들어가서 사전타당성 검토를 진행하고 있습니다. 통과되면 미래 가치가 오를 것이라고 판단한 매수층들이 유입되어 시세가 오르겠지요. 따라서 후발 투자자라면 사업의 진행도를 면밀하게 확인해야 합니다. **선 매수자가 넘긴 물건을 매수한 후에 추가적으로 진행되지 않는다면 손해를 볼 수도 있기 때문이죠.**

현장에 따르면 이미 사전타당성 검토를 통과한 근처 민락 2 재개발 추진 주체가 광안4구역으로도 진출했다고 합니다. 이미 한번 사전타당성 검토를 통과한 경험이 있는 만큼 정비계획안도 준비했고, 8

광안4구역 구역도

월부터 사무실을 열고 동의서를 징구하기 시작한다고 합니다. 정비
업체의 도움으로 사전타당성 검토 통과 가능성을 알아보니 광안4구
역은 동의율만 채우면 이후에 진행하는 데는 큰 문제가 없다고 합니
다. 해당 구역은 소유자가 500명인 반면, 신축 가능 세대는 1,000세대
로 사업성도 매우 양호하다고 합니다.

이렇게 좋은 사업성 평가를 받은 이유였을까요? 광안4구역은 구
역 경계선으로 분란이 있었습니다. 추진 주체에서는 노후도를 기준
으로 경계를 정했으나, 남쪽(위의 구역도 상 파란색 지역)의 신축 원룸을

매수한 투자자들이 구역을 확장할 것을 요구했다고 합니다. 물론 노후도 문제로 거절했지만, 여전히 같은 상황이 존재한다고 합니다. 현추진 주체는 신축 원룸들을 제외하고 진행하겠다고 밝혔으나, 몇몇 부동산 중개업자들은 남측 지역도 포함된다며 영업하고 있으니 매수시 신중하게 확인해야 합니다.

대전광역시(임장 조사 날짜: 2021년 3월 1일)

부산에 이어 알아볼 지역은 대전입니다. 갑자기 웬 대전? 하시는 분들도 있을 겁니다. 그 이유는 부산에서 진행된 썩빌 투자 형태가

출처: 네이버 부동산

대전에서도 비슷한 형태로 이뤄졌기 때문입니다. 현장의 이야기에 의하면 2021년 초에 이뤄진 부산 썩빌 투자 이후 투자자들은 매물을 찾아 실제 대전으로 이동한 사례가 꽤 있다고 합니다. 물론 뜬소문일 수도 있고 진실일 수도 있지만, **중요한 것은 그래서 대전이 투자할 만한 가치가 있는 지역인가를 판단하는 것이죠.**

우선 대전의 극초기구역은 2021년 5월을 기준으로 봤을 때 투자자가 유입되었고 정비구역 지정 동의서를 징구 중인 단계로 보입니다. 만약 정비구역 지정 동의서까지 제출했다면 이미 그 당시 시세가 껑충 뛰어올랐을 테니까요. 대상 지역은 재정비촉진지구(뉴타운) 중 아직 진행되지 않은 지역과 과거 재개발사업을 추진하다가 멈추거나 해제된 곳, 그리고 값이 저렴하고 갭이 작은 동북권 구도심 지역으로 나뉩니다.

대전의 썩빌 트렌드는 이렇게 다양한데요. 대전을 우리말로 하면 한밭이라고 합니다. 그만큼 드넓은 평야 지대라는 것이죠. 썩빌을 이야기하다가 갑자기 뭔 이야긴가 싶을 겁니다. 하지만 이 점이 중요한 게 드넓은 평야 지대라는 게 그만큼 집을 지을 만한 땅이 넓다는 의미입니다. 이는 공동주택인 빌라가 오히려 귀하다는 것이고, 이는 **땅이 넓은 만큼 단독주택이 주력인 지역이 많다는 겁니다.** 단독주택은 투자 금액이 많이 들어갑니다. 투자자들에게 투자 매력도가 떨어지는 형태이고, 투자자들이 적은 만큼 그래서 사람들이 시세를 크게 상승시키는 데에는 제한적일 수도 있다는 겁니다.

그렇다면 방법은 속도전입니다. 다른 지역으로 움직이는 투자자들이 생기기 전에 빠르게 시세가 올라야겠죠. 이때 중요한 점은 바로 정비구역 지정 동의서를 징구하는 겁니다. 부산에서 사전타당성 검토를 신청해서 승인되면 집값이 껑충 뛰어오르는 것과 비슷한 논리죠. 하지만 느림의 미학을 즐기는 충청도라서 그런지, 동의서 징구는 대체로 타지역 대비 더디기만 합니다.

그럼에도 유독 빨리 진행되는 지역은 있기 마련이죠. 예를 들면, 동구 삼성동은 정비 업체가 활발히 활동하는 지역이죠. 그렇다고 모든 곳에서 정비 업체가 활동하지는 않습니다. 기업인만큼 이익을 추구하는 것이 목적이기 때문에 사업이 추진될 가능성이 높은 곳을 택하겠죠. 바로 정비구역으로 지정될 여건이 갖추어진 곳 말입니다. 대전은 단독이 주력인지라 대다수 지역이 정비구역 여건을 충족하며 사업성도 우수합니다. 다만 반대로 주민들의 의지가 문제가 될 여지도 있습니다.

만약 정비 업체가 적극적으로 활동하는 사업 속도가 빠른 곳을 택했다면 매도 시점도 고려해봐야 합니다. 역시 썩빌도 중요한 것은 갭이죠. **서울이 1억 원 선, 부산이 7,000~8,000만 원 선, 인천이 4,000만 원 선에서 형성됩니다.** 그럼 대전은 어느 정도일까요? 정확한 지점은 결과가 나와야 알겠지만, 투자자들의 대부분은 **부산보다는 적을 것이고 인천과 유사한 수준이 아닐까 생각하고 있습니다.** 이 갭을 추정하기 위해서는 지역별로 동향을 잘 이해하고 현명하게 적정 갭으로 투자하는 것이 좋겠죠.

가장 먼저 살펴볼 지역은 **대덕구 대화동**입니다. 대전의 극초기구역 중에서 그나마 거래가 가장 활발했던 곳이었으나, 얼마 지나지 않아 매물이 끊기면서 조금 잠잠해졌습니다. 대전의 중심인 둔산동에 가까운 지역이지만, 아무래도 둔산동에서 대화동으로의 이동이 많지 않은 것도 이유 중 하나죠.

이 중 가칭 3구역은 2020년 12월 한 차례 투자자들이 유입되었고 2021년 4월경 재차 유입되면서 1,500~2,000만 원 선의 갭으로 거래되었다고 합니다. 그 후 매수세가 끊긴 후 별다른 개발 움직임은 없습니다. 반대로 대덕구에서는 도시재생을 추진 중이라 앞으로 어떤 방향으로 움직일지 좀 더 지켜볼 필요가 있겠지요.

임장(기록)일: 2021년 5월 11일

다음 살펴볼 지역은 **동구 삼성동**입니다. 현장의 말에 따르면 한 정비 업체가 이미 개입되어 있다고 합니다. 현재 삼성동 2구역은 정비구역 지정 동의서를 징구하고 동구로 제출했다고 합니다. 다만 일부 소유자들이 철회하겠다는 의지를 내비쳐 조금 곤란함을 겪고 있다고도 하죠. 중심지인 삼성동 3구역은 아직 동의서 징구가 더디다고 합니다. 과거에도 개발이 지지부진했던 전례가 있죠. 그럼에도 투자자들은 센터인 3구역의 매물부터 찾는다고 합니다. A 구역은 2021년 4월 가칭 추진위 사무실을 오픈하여 2~3주 만에 동의서 징구를 완료하고 동구로 제출했다고 합니다. 생각보다 빠른 움직임에 정비 업체도 놀랐다고 하죠.

이외에도 **신흥 재정비촉진지구, 중구의 선화·용두 재정비촉진지구 등에서도 움직임을 보이고 있죠.** 이렇듯 대전은 여러 곳에서 썩빌의 열풍이 불지만, 빌라의 매물이 제한적이라 그리 큰 유행으로 번지지는 않을 듯합니다. 인근에 청주나 전주의 갭 투자 같은 소액 투자처가 존재하는 것도 한 가지 이유가 될 수 있을 겁니다.

이렇게 2020년에 유행하기 시작한 서울의 썩빌 투자처부터 최근에 등장한 부산 광안리의 색다른 투자 상품, 그리고 대전까지 썩빌 트렌드에 관해 알아보았습니다. 썩빌 트렌드, 즉 극초기투자는 규제 정책 안에서 투자자들이 수익이 될만한 부동산을 찾는 속도감 있는 투자법입니다. 다른 입지 투자, 시간 투자를 비롯한 사업성에 초점을 두던 기존 방식과 완전히 다릅니다. 그만큼 **정보를 수집하는 데 노력을 기울여야 하구요. 속도전에서 승부를 볼 수 없는 성격이나 능력이라면 접근하기 쉽지 않은 방식이기도 합니다.** 투자 트렌드를 알아내는 능력과 의사 결정의 중요성이 다시 한번 강조되는 투자법입니다.

Chapter 4

해제구역에
다시 한번 기회가 오나?

킬링 포인트 꺼진 불도 다시 보자. 결국, 부동산은 첫째도 입지, 둘째도

입지, 셋째도 입지입니다. 수요자들이 끝까지 포기하지 않는 입지, 거주하

고 소유하고 싶어 하는 입지들은 언제고 다시 불타오를 수 있다는 것을 명

심 또 명심합시다. 하지만 수요가 있는 입지라도 사업성이 나쁘면 사업성이

높은 타지역로 수요층이 이동할 수 있다는 것도 유의합시다.

해제구역의 증가(임장 조사 날짜: 2021년 6월 2일)

해제구역은 과거 재개발이나 재건축을 진행하려고 하다가 여러
이유로 중단되어 정비구역에서 구역 지정이 해제된 지역을 의미합
니다. 여기까지 들으시면 의아해할 수 있습니다. 과거에 재개발이 진
행되지 않은 이유가 있을 텐데 왜 지금 다시 시장의 주목을 받는 걸
까요? 그 이유는 **서울시에서 발표한 '재개발 규제 완화' 때문입니다.**
2021년 5월 서울시에서는 서울의 주거지 확보를 위해 재개발 규제를
완화하겠다고 발표한 바 있습니다. 이 발표의 기대감으로 노후한 빌

라에 관심이 몰리는 상황이 된 것이죠.

사업 유형별 주택 공급 가능 물량 세부 추계

① 정비사업 (총 13.6만, 서울 9.3, 인천·경기 2.1, 광역 2.2)

		❶ 공급가용물량(세대)	❷ 기대참여율	❸ 공급물량(세대)
서울	기존구역	22.2만 세대	25%	9.3만
	신규구역	37.4만 세대	10%	
인천·경기	기존구역	7.5만 세대	12.5%	2.1만
	신규구역	24.1만 세대	5%	
광역	기존구역	16.7만 세대	12.5%	2.2만
	신규구역	3.1만 세대	5%	
계	-	111만 세대	-	13.6만

1) 기존 재개발·재건축구역 중 사업시행인가 前단계 공급 가용물량 : **46.4만 세대**
   예정구역 등 신규 재개발·재건축구역 공급 가용물량 : **64.6만 세대**

2) 구역 여건별·지역별 **기대참여율 차등***적용

   * '20년 공공재개발 공모 참여율이 25.9%임을 감안, 최대25%, 여건별·지역별 보정
   서울 기존구역 25%, 신규구역 10% / 인천·경기·광역 기존구역 12.5%, 신규구역 5%

3) **공급물량** : 공급 가용물량 x 기대참여율 = **13.6만 세대**

② 도심공공주택(역세권) (총 12.3만, 서울 7.8, 인천·경기 1.4, 광역 3.1)

	❶ 전체면적	❷ 개발가용지 (공급세대수)	❸ 5천㎡ 이상 (공급세대수)	❹ 기대참여율	❺ 공급물량(세대)
서울	174.26㎢	50.04㎢ (180.1만 세대)	21.58㎢ (77.7만 세대)	10%	7.8만
인천·경기	137.97㎢	14.55㎢ (52.4만 세대)	7.91㎢ (28.5만 세대)	5%	1.4만
광역	131.37㎢	36.5㎢ (131.4만 세대)	23.09㎢ (83.1만 세대)	3.7%	3.1만
계	443.6㎢	101.09㎢ (363.9만 세대)	52.58㎢ (189.3만 세대)		12.3만

1) **역세권** 350m 이내 전체 면적 : **443.6㎢**

2) **개발가용지*** 공간분석 : **101.1㎢ (363.9만 세대**** 공급 가능 규모)

   * 녹지, 공업지역, 하천, 제방, 도로 및 개발추진지역 등 개발불능지 제외지역 중 노후요건 충족지역
   ** 공급 가능세대수 = 가용지면적 x 용적률(400%) x 주거비율(90%) / 호당면적(100㎡)

3) 5천㎡ 이상규모의 사업대상지 : **52.58㎢ (189.3만 세대 공급 가능 규모)**

4) 사업대상지에 지역별 **기대참여율 차등***적용

   * 기존 역세권사업 참여율 6.6% 대비 토지주 수익제고, 사업성개선 등 감안 서울 10% / 인천·경기 5% / 광역 3.7%

5) **공급물량** : 공급 가용물량 x 기대참여율 = **12.3만 세대**

3 **도심공공주택(준공업)** (총 1.2만, 서울 0.6, 인천·경기 0.3, 광역 0.3)

	❶ 전체면적	❷ 개발가용지 (공급세대수)	❸ 5천㎡ 이상 (공급세대수)	❹ 기대참여율	❺ 공급물량(세대)
서울	20.45㎢	4.68㎢ (8.4만 세대)	2.28㎢ (4.1만 세대)	15%	**0.6만**
인천·경기	47.16㎢	4.21㎢ (7.6만 세대)	2.29㎢ (4.1만 세대)	7.5%	**0.3만**
광역	38.34㎢	8.48㎢ (15.3만 세대)	2.84㎢ (5.1만 세대)	5%	**0.3만**
계	105.95㎢	17.37㎢ (31.3만 세대)	7.41㎢ (13.3만 세대)	-	**1.2만**

1) **준공업지역 전체 면적 : 105.95㎢**

2) **개발가용지** 공간분석 : **17.37㎢ (31.3만 세대** 공급 가능 규모)

   * 산단, 철도, 하천, 공원, 학교 도로 및 개발추진지역 등 개발불능지 제외지역 중 노후요건 충족지역
   ** 공급 가능세대수 = 가용지면적 x 용적률(300%) x 주거비율(60%) / 호당면적(100㎡)

3) 5천㎡ 이상규모의 사업대상지 : **7.41㎢ (13.3만 세대 공급 가능 규모)**

4) 사업대상지에 지역별 **기대참여율 차등** 적용

   * 역세권 대비 단순한 소유구조 등으로 사업참여율 상향 적용 서울 15% / 인천·경기 7.5% / 광역 5%

5) **공급물량** : 공급 가용물량 x 기대참여율 = **12.3만 세대**

4 **도심공공주택(저층주거)** (총 6.1만, 서울 3.3, 인천·경기 1.3, 광역 1.5)

	❶ 전체면적 (공급세대수)	❷ 1만㎡ 이상 (공급세대수)	❸ 기대참여율	❹ 공급물량(세대)
서울	28.5㎢ (60.6만 세대)	15.6㎢ (33.2만 세대)	10%	**3.3만**
인천·경기	22.4㎢ (47.6만 세대)	12.2㎢ (25.9만 세대)	5%	**1.3만**
광역	25.7㎢ (54.6만 세대)	14.2㎢ (30.2만 세대)	5%	**1.5만**
계	76.6㎢ (162.8만 세대)	42㎢ (89.3만 세대)	-	**6.1만**

1) 노후요건 충족 **저층 주거지 전체 면적 : 76.6㎢ (162.8만 세대** 공급 가능 규모)

   * 공급 가능세대수 = 가용지면적 x 용적률(250%) x 가처분율(85%) / 호당면적(100㎡)

2) 1만㎡ 이상규모 의 사업대상지 : **42㎢ (89.3만 세대 공급 가능 규모)**

   * 1만㎡ 미만 규모는 소규모 정비사업으로 분류

3) 사업대상지에 지역별 **기대참여율 차등** 적용

   * 서울 저층주거지 중 정비구역 비율 10.6% →
     신규 사업인 점을 감안 보수적 적용 서울 10% / 인천·경기 5% / 광역 5%

4) **공급물량** : 공급 가용물량 x 기대참여율 = **12.3만 세대**

5 소규모 정비 (총 11만, 서울 6.2, 인천·경기 1.6, 광역 3.2)

		❶ 전체면적	❷ 개발가용지 (공급세대수)	❸ 5천㎡ 미만 (공급세대수)	❹ 기대참여율	❺ 공급물량(세대)
역세권	서울	174.26㎢	50.04㎢ (180.1만 세대)	28.46㎢ (76.8만 세대)	5%	3.8만
	인천·경기	137.97㎢	14.55㎢ (52.4만 세대)	6.64㎢ (17.9만 세대)	2.5%	0.4만
	광역	131.37㎢	36.5㎢ (131.4만 세대)	13.41㎢ (36.2만 세대)	4%	1.4만
준공업	서울	20.45㎢	4.68㎢ (8.4만 세대)	2.4㎢ (4.1만 세대)	5%	0.2만
	인천·경기	47.16㎢	4.21㎢ (7.6만 세대)	1.92㎢ (2.9만 세대)	2.5%	0.1만
	광역	38.34㎢	8.48㎢ (15.3만 세대)	5.64㎢ (8.5만 세대)	1.5%	0.1만
소 계		549.6㎢	118.5㎢ (395.2만 세대)	58.5㎢ (146.4만 세대)		6만

			❶ 전체 사업대상지 수	❷ 기대참여율	❸ 공급물량(세대)
저층주거	가로주택	서울	2,577 개소	5%	1.9만
		인천·경기	1,923 개소	2.5%	0.7만
		광역	4,060 개소	2.5%	1.5만
	자율주택	서울	6,069 필지 (1,640구역) *3.7필지/구역	3%	0.2만
		인천·경기	6,894 필지 (1,863구역)	1.5%	0.1만
		광역	3,159 필지 (854구역)	1.5%	0.1만
	소규모재건축	서울	133 개소	5%	0.1만
		인천·경기	1,051 개소	2.5%	0.3만
		광역	83 개소	2.5%	0.1만
소 계			-	-	5만
계			-	-	11만

1) 역세권·준공업지역 도심공공주택복합사업과 동일하게 공간분석*

(1) **5천㎡ 미만 역세권** 개발가용지 : **48.5㎢** (130.9만 세대* 공급 가능 규모)

* 공급 가능세대수 = 가용지면적 x 용적률(250%) x 주거비율(60%) / 호당면적(100㎡)

- 사업대상지에 지역별 **기대참여율 차등*적용 = 5.6만 세대**

* 5천㎡ 이상 역세권 대비 절반이하로 하향 조정 서울 5% / 인천·경기 2.5% / 광역 4%

(2) **5천㎡ 미만 준공업** 개발가용지 : **9.96㎢** (15.5만 세대* 공급 가능 규모)

* 공급 가능세대수 = 가용지면적 x 용적률(250%) x 주거비율(60%) / 호당면적(100㎡)

- 사업대상지에 지역별 **기대참여율 차등*적용 = 0.4만 세대**

* 5천㎡ 이상 준공업지역 대비 절반이하로 하향 조정 서울 5% / 인천·경기 2.5% / 광역 1.5%

2) **소규모 저층주거지** 전체 사업대상지 분석 결과 : **165.4만 세대* 공급 가능**

* 가로주택 150세대/개소, 자율주택 50세대/구역, 소규모재건축 120세대/개소

- 사업대상지에 지역별 **기대참여율 차등*적용 = 5만 세대**

* 서울 가로·자율 사업화율 3.8%·2.7% → 사업성 개선 감안 조정 가로·재건축 5%/ 자율3%/ 지방 절반이하로 하향

6 **도시재생** (총 3.0만 서울 0.8, 인천·경기 1.1, 광역 1.1)
1) **혁신지구**
- 일반 혁신지구 12개소(0.6㎢), 주거재생혁신지구 35개소(0.8㎢) 계획
- 대도시권 공급가능물량 : **2.0만 호**

* (일반혁신) 대상지면적 x 용적률(300%) x 가처분율(75%) x 주거비율(22%) / 호당면적(81㎡)
  (주거혁신) 대상지면적 x 용적률(300%) x 가처분율(80%) x 주거비율(70%) / 호당면적(81㎡)

2) **뉴딜사업**
- '21~'22년 뉴딜 추진계획 : **80개소**(서울12, 수도권32, 광역시36)
  * 광역 32개소, 총괄 36개소, 인정 12개소 등 총 80개소
- 선정지 및 참여계획지구(개소) x 유형별 평균호수* = **대도시권 1.0만 호**
  * '20년 뉴딜선정 유형별 평균호수 : 광역(15호/곳), 총괄(일반 190호/곳), 인정(16호/곳)

7 **비주택리모델링 및 신축매입약정** (총 10.1만 서울 4.3, 인천·경기 3.5, 광역 2.3)
o 기 협의된 예산 수준을 고려하여 비주택 리모델링 및 매입약정 물량 결정
* 지역별 수요에 따라 물량 배분 : 서울 42% / 인천·경기 35% / 광역 23%

※ 우선 추진 검토대상 사업지 선정

o 공급목표 달성을 위해 공간분석으로 도출된 사업유형별 대상지 중 **별도 후보지 선정기준***에 따른 공공참여 우선추진 검토구역을 선정하여 관리 중

* **❶**노후·슬럼화 지역, **❷**면적이 크고 소유구조가 단순하여 사업여건이 우수한 지역, 신설 사업을 통한 **❸**주거환경개선, **❹**사업성개선, **❺**주택공급효과가 큰 구역 등

- 사업협의과정에서 토지주등이 사업에 동의하지 않을 경우에 대비하여 우선 추진 검토대상 사업지 외 차순위 후보지도 관리 및 활용

< 전국 우선추진 검토구역 현황 >

사업유형		구역 수(개소)	면적(㎡)	공급 추정(세대)
공공 직접시행 정비사업		100	644.4만	13.6만
도심 공공주택 복합사업	역세권	189	341만	12.3만
	준공업	33	67.9만	1.2만
	저층주거	61	230만	6.1만

< 서울시 권역별 우선추진 검토구역 현황 > (단위 : 개소)

구분		동남권	동북권	도심권	서북권	서남권	계
공공 직접시행 정비사업		25	9	10	1	22	**67**
도심 공공주택 복합사업	역세권	5	53	14	19	26	**117**
	준공업	-	-	-	-	17	**17**
	저층주거	1	14	-	-	6	**21**

게다가 국토교통부에서 발표한 공공재개발 추진도 재개발 열풍을 일으키는 데 한몫했습니다. 2·4 대책은 앞서 한번 언급한 것으로 서울시에 32만 호에 달하는 주택을 공급하겠다는 것인데, 그 방법으로 재개발이 주목받고 있습니다. 후보지를 선택하고 공공에서 재개발을 진행하겠다는 공공재개발 사업도 벌이고 있는 만큼, 시장의 재정비가 필요한 지역에 이목이 쏠리는 것은 어찌 보면 당연한 일이죠.

공공재개발에 관한 이야기는 잠시 접어두고 다시 해제구역으로 돌아가 보면, 지금 **서울시의 해제구역 316곳 중 절반이 넘는 170여 곳이 건물 노후화가 심각하다고 합니다.** 당연히 재개발 지정 구역이 될 가능성이 농후하죠. 그렇다고 아무 해제 지역이나 모두 재개발이 이뤄지는 것이 아닌 만큼 충분한 분석과 현장 검증이 뒷받침되어야 합니다.

그러기 위해서는 재개발구역이 되기 위한 조건들을 알아볼 필요가 있습니다. 그리고 현재까지 진행된 공공재개발 후보 지역을 거울로 삼아 가능성을 판단해야 합니다. 더해서 현재 매수할 만한 매물이 있는지도 따져봐야 하고, 그 지역 주민들의 의견도 조사를 해봐야겠지요.

우선 **정비구역으로 지정되기 위해서는 노후도가 충족되어야 합니다.** 노후 건물의 조건은 일반적으로 준공된 지 30년 이상 지나야 하고, 철근콘크리트 및 강구조가 아닌 단독 및 다가구주택은 준공된 지 20년이 지나야 성립됩니다. 여기까지만 보면 그리 어려운 일은 아니라 생각됩니다. 하지만 연면적 노후도라는 항목이 있죠. 연면적이란 건축물의 모든 층 바닥의 면적 합계를 말하고, 연면적 노후도를 충족하기 위해서는 지역 전체 건물의 연면적 중 노후도가 충족되는 연면적이 2/3 이상을 차지해야 합니다. 이 수치는 행위 제한이 해제되며, 신축 빌라가 대거 들어선 지역은 충족하기 어렵습니다.

서울시가 발표한 재개발 규제 완화 정책 이전에는 필수 항목이었다가 금번에 선택 항목으로 바뀌었죠. 물론 선택 사항이라고 해서 중요하지 않다는 것은 아닙니다. 변경된 규정에 따르면 다음 네 가지 항목 중 하나를 반드시 충족해야 한다는 조건이 있습니다. 네 가지는 앞서 말한 **연면적 노후도를 포함해서 접도율, 호수밀도, 과소필지율**입니다. 이 세 가지에 연면적 노후도를 더해 네 가지 요인 중 하나가 충족하면 정비구역 요건에 부합하는 겁니다.

일단 이 네 가지가 부합되면 그다음에는 다른 측면에서 접근해야 합니다. 바로 기존 입주민들의 의지죠. 아무리 노후도가 충족되고 재개발 입지가 좋다고 하더라도 주민들의 동의가 있어야 합니다. 현재 주민 제안부터 시작하려면 **주민 동의가 10%가 넘어야 가능합니다.** 10%의 동의를 얻지 못하면 시작조차 하지 못한다는 말입니다. 좀 더 현실적으로 보면 서울 어디든 '가능하다면 하면 좋지'라고 생각하는 사람은 많으나 앞에 나서서 주도적으로 움직이는 사람은 많지 않죠. 게다가 통상 투자자들은 직접 나서지 않고 뒷짐만 지고 있는 경우가 많기 때문에 기존 주민들이 더욱 나서야 재개발은 현실이 됩니다.

그리고 이후 재개발 추진 위원회가 구성된다면 그때부터 어떻게 사업을 꾸려나갈지 정할 수 있습니다. 현재 공공재개발, 민간재개발, 공공 도심주택 복합사업, 가로주택 등 방향은 많으니까요. 이때부터 위원회는 노후도를 유지하기 위해서 신축 빌라를 저지하려 움직입니다. 신축 빌라가 들어서면 당연히 지역의 노후도는 감소하기 때문이죠.

— **해제지역 검토하기**

그전에 먼저 어떤 지역부터 알아볼 것인지 그 기준을 말씀드리려 합니다. 앞서 우리는 해제구역이 다시 정비구역으로 지정되기 위한 조건들을 알아본 바 있습니다. **이 정비구역 지정 조건 충족이 첫 번째 기준입니다.** 아무리 현재 시세 탄력성이 좋고 지역이 좋다고 해도 신축 빌라가 너무 많이 들어와서 노후도 조건을 충족하지 않으면 투자자들에게는 의미가 없는 대상이 되죠.

두 번째는 입주민들의 의지입니다. 그 지역 부동산 소유자들이 재개발을 원하지 않으면 정비 사업이 진행되기 어렵습니다. 실질적으로 동의서를 징구하고 주민들의 의견을 행정처로 전달하는 사람이 없으면 힘들다는 말이죠. 그 말은 곧 지역의 가칭 추진위가 구성되어야 한다는 것과 같습니다. 그렇지 않으면 신축 빌라가 여기저기 들어서면서 난개발이 이뤄지고, 이는 결국 노후도 보존이 힘들어짐을 의미합니다. 게다가 그 지역이 공공재개발 위주로 사업을 진행할지, 아니면 민간재개발로 사업을 진행할지 방향성도 정해야 하니 주민들의 의지는 매우 중요합니다.

세 번째는 살 만한 매물이 있는가입니다. 아무리 사업성이 높은 지역도 매수할 매물이 없어 진입할 수 없다면 그림의 떡에 불과합니다. 물론 투자자들의 관심을 받는 지역은 이미 많이 상승했고 매물도 귀하긴 합니다. 그렇다고 투자자들이 아직 진입하지 않은 지역은 위험성이 높습니다. 그러니 매물을 확인하는 것은 자신의 상황에 맞게 선택해야 하는 부분이죠. 또한, 해제구역에서 공주가 1억 원 이하 매물은 극히 드뭅니다. 그런 만큼 취득세 중과를 계산하면서 접근해야 하죠.

마지막으로 살펴볼 기준은 정부의 입장입니다. 앞서 언급한 바와 같이 공공재개발은 국토부에서 주관하고, 공공기획 민간재개발은 서

울시에서 주관합니다. 그만큼 국가 관할 부서의 의중도 중요한 요인
이죠.

이렇게 해제구역을 네 가지 기준으로 접근하려 합니다. 지금부터
설명할 지역을 통해 네 가지 기준으로 투자 트렌드를 분석하는 노하
우를 체득하길 바랍니다.

관악구(임장 조사 날짜: 2021년 6월 25일)

관악구는 서울 남부에 위치한 자치구입니다. 과거부터 고시촌으
로 유명한 지역이죠. 신림본동에서부터 신림13동까지 14개에 달하던

출처: 네이버 부동산

신림동은 현재 동의 이름이 전부 바뀌었습니다. 신림동의 인구는 사람이 적게 사는 자치구보다 많습니다. 그만큼 넓기도 하죠. 이런 신림동을 포함한 관악구는 90년대 말부터 2000년대 초중반까지 재개발이 활발하게 이뤄진 지역이기도 합니다. 과거 신림7동으로 불리던 난향동 지역도 2000년 중반에 재개발되면서 개발 전후를 구별하지 못할 정도로 변하기도 했죠.

관악구는 워낙 강남으로의 접근성이 좋아 재평가받는 지역이기도 합니다. 게다가 북쪽으로는 동작구, 동쪽으로는 서초구, 서쪽으로는 금천구와 구로구, 영등포구가 맞닿은 지역이라 이동이 편하다는 장점도 있죠. 심지어 남쪽에는 관악산이 있고 이를 경계로 안양과 과천과도 가깝습니다.

이런 지리적 이점과 고속도로 때문에 교통이 편리하지만, 현재 전철 노선은 2호선뿐이라 조금 아쉽다는 생각도 듭니다. 2022년에 신림선이 개통 예정이고 이후 난곡선, 서부선 등 경전철 노선이 개통 예정인 만큼 이후 개선의 여지는 충분하다고 볼 수 있습니다.

이런 **관악구에는 총 21개의 해제구역이 있습니다.** 하지만 2호선을 따라서 워낙 신축 빌라의 건축이 활발하게 진행되다 보니 대다수 해제구역의 노후도가 무너진 것으로 보입니다. 그런 상황에서 관악구 내 노후도가 충분한 해제구역을 찾다 보면 필연적으로 산골짜기로 혹은 서울의 끝자락으로 점점 들어갈 수밖에 없습니다. 그렇게 들어가다 보면 정말 공공주도 3080+ 정책에 부합하는 저층 주거지들이 나옵니다. 이 지역들은 정말 개발이 필요한 셈이죠. 아직 관악구의 공공재개발 후보지가 발표되지 않은 만큼 좀 더 유심히 볼 필요가 있습니다.

관악구의 해제구역 이야기에 들어가기에 앞서 알아야 할 항목이 있습니다. 관악구의 외지에는 공주가 1억 원 이하의 주택이 많다고 아는 사람들도 제법 될 겁니다. 하지만 **2021년 5월에 공시지가 인상으로 공주가 1억 원 이하의 매물은 이제 거의 없습니다.** 물론 관악구에도 일부 있기는 하지만, 대부분 반지하고 정주여건이 너무 열악해서 거주할 수 있을지도 미지수인 만큼 차라리 없다고 보는 것이 좋겠습니다.

가장 먼저 알아볼 지역은 신림 624번지와 646번지입니다. 현재는 난곡동이라는 이름으로 불리는 지역으로 저층 주거지가 많은 동네죠. 다시 앞의 네 가지 측면에서 접근하면, 일단 동수 노후도는 646번지는 충족할 가능성이 농후하지만, 624번지는 조금 애매합니다. 게다가 646번지는 접도율과 호수밀도까지 충족할 가능성이 보입니다. 물론 정확한 충족 여부는 정비 업체가 확인할 부분이지만 말이죠.

신림 624번지와 646번지

출처: 부동산플래닛

하지만 생각보다 주민들의 시선은 재개발을 그리 원치 않아 보이기도 합니다. 예전부터 재건축이나 주거환경개선사업에 관한 논의가 있었으나 주민 반대로 무산된 적도 있고, 2020년에도 한 정비 업체가 전면 개발을 추진하려 했으나 주민 호응이 낮아 포기한 전례도 있다고 합니다. 참고로 이 지역은 원래 관악산 휴먼시아를 건설하려던 지역이었으나, 주민들의 반대로 지금의 산꼭대기 동네로 올라갔다고 합니다. 현장의 목소리를 조금 들었을 때는 개발이 필요한 곳은 맞으나 서울의 끝자락인 이곳마저 개발하면 저소득층 주민들이 갈 곳이 없다는 우려의 목소리가 공존하고 있습니다. 아마 관악구에서도 이 사실을 알고 있으리라 생각합니다.

신림 624번지와 646번지 전경

624번지는 종합적으로 안전관리가 필요한 구역으로 정해졌지만, 현재 동수 노후도가 조금 애매하고, 646번지는 건축 안전관리가 필요하다고 말하지만, 전면 개발을 하더라도 이상하지 않을 동네입니다. 이 지역을 눈여겨본다면 앞으로 공공재개발 소식에 귀를 기울이기 바랍니다.

다음 해제구역은 가칭 난향 1구역이라 불리는 신림동 675번지입니다. 이 지역도 과거 재건축 사업에 실패했던 곳으로 현재 스멀스멀 다시 재개발을 추진하려는 움직임이 보입니다. 일단 정비구역 지정

출처: 부동산플래닛

조건을 살폈을 때, 필수 조건인 동수 노후도는 충분합니다. 가칭 추진 위의 목소리에 의하면 현재 동수 노후도는 81.4%에 달하며, 선택 사 항인 호수밀도는 1헥타르당 80.5호로 기준치인 1헥타르당 60호를 훌 쩍 넘습니다. 얼핏 보기에는 연면적 노후도도 충족할 정도로 낮은 주 택이 많은 지역입니다.

주민들도 적극적으로 재개발을 향한 목소리를 내고 있습니다. 물 론 아직 현장의 목소리를 정확히 알 수 있는 단계는 아니므로 지켜봐

버스가 들어갈 수 있습니다. 마을버스가 없는 지역이죠

야겠지만, 현재 추진위 사무실을 오픈해서 주민들을 설득하려는 사람들이 있다는 것은 사실입니다. 매물은 일단 공주가 1억 원 이하는 거의 보이지 않습니다. 아직 용도지역이 사업성이 낮은 1종 주거지역 끝자락에는 있기는 하지만, 종 상향을 기대하면서 1억 원 이상의 매물도 팔리는 추세라고 합니다.

건축 안전관리가 필요하다고 지정되었으나 전면 개발이 더 필요해 보이는 지역으로 **심지어 마을버스도 안 다니는 산자락입니다.** 추가로 부지의 절반 이상이 1종 주택이다 보니 종 상향에 관한 문제도 제기될 것으로 보입니다. 만약 바램처럼 공공재개발지역으로 선정된다면 충분히 돌파할 수 있겠죠. 더불어 경전철 난곡선의 노선이 확정되었다는 소식도 들리는 만큼 앞으로를 기대하는 수요자들이 많습니다.

추가로 해제구역은 아니지만, 관악구에서 한 지역을 더 다뤄볼까 합니다. 바로 **법원단지**라 부르는 신림동 598번지와 610번지 지역인데요. 2021년 봄에 투자자들이 유입된 후에 현재는 별다른 움직임이 없어서 정체된 지역입니다. 앞서 언급한 지역과는 다르게 마을버스가 언덕 끝까지 다니며, 신축 빌라도 꽤 들어선 지역이기도 합니다. 그 탓에 노후도를 보면 정비구역으로 지정되기에는 쉽지 않아 보입니다.

그럼에도 투자자들이 몰렸던 이유는 공주가 1억 원 이하의 주택이 있었기 때문입니다. 그러나 가칭 추진위 활동도 보이지 않고 잠잠

출처: 부동산플래닛

합니다. 매물은 많고 소액으로 투자하기 괜찮은 지역이나 투자에는 주의가 필요합니다. 인근 지역에 이런 투자 행태도 있을 수 있다 정도로 참고하면 좋겠습니다.

이렇게 관악구의 해제구역들을 살펴보았습니다. 일단 관악구에서 한 곳이 공모 후보지로 지정된다면 노후도가 보존되어 있고 실제로 개발이 필요한 지역의 끝자락일 가능성이 커 보입니다. 두 곳이 떠오르는데 우선 675번지는 사람들이 몰리며 가능성은 높아졌지만, 그만큼 매물이 귀합니다. 주로 1종인 만큼 종 상향에 관한 이슈도 분명 존재하겠죠. 646번지는 **가능성과 사업성이 높아 보이나 과거에 주민들이 반대 목소리를 냈던 것을 항상 유의해야 합니다.**

강북구(임장 조사 날짜: 2021년 6월 29일)

이번에는 강북구입니다. 서울의 북동쪽에 자리 잡고 있고, 면적의 상당 부분이 북한산이 차지하는 지역이죠. 더불어 서울에서 5번째로 인구 밀도가 낮은 지역이기도 합니다. 수도권에서 유일한 국립공원인 북한산으로 인해 지금까지 개발 제한과 경관을 위한 고도 제한 등의 규제를 많이 받기도 했죠.

과거에는 서울의 개발 중심이었지만 시간이 지나면서 개발 중심지가 한강의 남쪽 지역으로 이동하면서 상대적으로 발전이 뒤처졌다

강북구 지도

출처: 네이버 부동산

북한산

출처: 시티맵

는 평가도 있으며, 역시 북한산의 보존 때문에 전철 노선도 많이 개설되지는 않았습니다. 과거에는 지하철 4호선만 다녔으나 최근에 서울에서 최초로 민영 경전철인 **우이신설선이 개통되면서 어느 정도 숨통이 트이기도 했죠.**

잠시 우이신설선에 관한 이야기를 해보자면, 서울에서는 처음으로 개설된 민간 운영 경전철입니다. 서울 10개선의 경전철 사업 중 가장 높은 수익률을 보이리라 생각하며 시작한 이 사업은 포스코건설이라는 거대 기업이 참여하기도 해 눈길을 끌었습니다. 하지만 막상 운행을 시작해보니 예상보다 이용자의 숫자가 너무 적었고 이는 곧바로 수익성 악화라는 치명적인 약점으로 나타났습니다. 개통 시작 후 4년간 계속해서 적자를 기록했고 파산 위기에 빠졌다가 최근 서울시에서 지원을 결정한 후에 겨우 숨을 돌린 모습입니다. 이런 상황의 우이신설선이지만 확실히 강북구의 주민들에게는 이동하는 데 있어 도움을 주는 고마운 시설임은 틀림없죠.

이런 이슈들로 지금까지는 개발이 미뤄졌지만, 현재는 공주가 1억 원 이하의 세금이 적게 나오는 주택들이 많고, 노후도가 높은 주택들도 많아 한 몸에 세간의 관심을 받고 있습니다.

― 강북구 해제지역 검토하기

강북구는 서울시에서 해제구역으로 설정한 지역도 그만큼 많습니다. 무려 총 24곳에 달하는 해제구역이 존재하는데, 이 지역들을 세 유형으로 구분해서 설명하려 합니다.

첫 번째 지역은 강북구의 번화가이자 중심지인 미아사거리역 부근입니다. 이 지역은 이미 많은 사람이 몰려 가격도 꽤 비싸고, 공주가 1억 원 이하의 매물도 귀합니다. **두 번째 유형은 북한산자락 아래 지역입니다.** 공주가 1억 원 이하의 매물은 있으나 산간 지역인 만큼 여러 제약이 발목을 잡습니다. 세 번째는 두 지역 사이의 경계 지역으

미아사거리 전경

로 공주가 1억 원 이하의 매물은 있으나 신축 빌라가 제법 많이 들어서 노후도가 조금 위태로운 지역입니다.

먼저 미아사거리 인근 지역은 이미 많은 투자자가 몰려 부동산 가격이 비쌉니다. 게다가 입주민들도 파는 사람이 별로 없어 매물이 마땅치 않죠.

두 번째 지역은 일단 북한산 때문에 확장이 어려운 곳입니다. 북한산 인근에 있는 1종 주택과 동시에 경관지구와 고도지구로 분류된 이곳은 사업 추진이 어려워 보입니다. 설령, 추진을 하더라도 고도제한으로 인한 잡음이 안 생길 수 없죠. 일각에서는 개발 사업자들이

고도지구라는 제한사항이 존재한다

재개발이나 재건축을 할 때 일정 부분의 땅에 공공시설을 설치해 국가나 지자체에 제공하는 기부채납을 통해 종 상향이 가능하다고 주장하나, 경관지구이자 동시에 고도지구인 이 지역은 그리 녹록하지 않을 겁니다.

그럼에도 공주가가 1억 원 이하라는 매력 때문에 사람들이 몰리기도 했습니다. 다른 제약 조건은 신경 쓰지 않은 채 시세차익을 노린 매매가 이루어진 것이지요. 그런 이유로 작년부터 부동산 가격이 상승하기는 했습니다.

세 번째 지역은 앞서 한번 언급한 적이 있는 극초기투자의 시초로 미아 258번지와 번동 148번지 근처로 이동해 가는 양상과 비슷한 모

미아사거리와 북한산의 중간 지역

습을 보입니다. 어찌 보면 성공한 사례를 벤치마킹하는 것은 너무나도 자연스러운 일이죠. 다만 노후도 조건이 다소 우려되지만, 1종부터 3종까지 다양한 형태의 주택들이 모여 있는 만큼 주민들의 의지만 있다면 가능성은 충분해 보입니다.

그렇다면 좀 더 자세하게 이 해제구역들을 살펴보겠습니다. 대부분의 사람이 번동 2-1구역이라 부르는 번동 441-3번지는 대표적인 강북구의 해제구역입니다. 우선 지정구역이 되기 위한 조건부터 살펴보겠습니다. 가칭 추진위에 따르면 필수 조건인 동수 노후도는 90%에 달하고 연면적 노후도는 84%, 접도율 60%, 호수밀도는 1헥타르당 64.5호로 강북구의 해제구역 중 가장 노후화된 지역입니다. 신축 빌라를 건설하려는 움직임이 없었던 것은 아니나 번번이 매입 단가 차

출처: 부동산플래닛

이로 견해를 좁히지 못했다고 합니다. 당연히 노후도는 유지되었고 재개발 지정구역이 될 확률은 올라간 것이지요.

최근에는 강북구청으로 연번 표시 정식동의서(정비구역 지정)를 신청했다고 합니다. 입주민들의 반응도 그리 나쁘지 않았다고 합니다. 오패산을 끼고 인접해있는 미아 258번지와 번동 148번지의 움직임을 벤치마킹하여 차후 그 지역들처럼 움직일 가능성이 있다고 판단됩니다. 물론 격렬히 반대하는 입주민들도 있으니 어느 쪽의 세력이 더 큰지 지켜봐야 할 것입니다.

행정 지자체에서는 건축 안전관리가 필요하다고 언급했으며, 이에 노후도를 봤을 때 전면 개발도 충분해 보이는 곳입니다. 이미 이러한 검토 소문이 돌았는지 2021년 봄과 비교해서 최근 시세가 상승했습니다.

다음으로 볼 지역은 수유동 535-1번지입니다. 가칭 인수마을이라 불리는 곳으로 현재 재개발을 위한 가칭 추진위가 세워졌고 소유자는 1,500명이며, 총 3,400세대가 입주할 수 있는 지구로 개발될 예정이라고 합니다.

출처: 부동산플래닛

  사실 이 지역은 해제구역이라고 부르기도 애매하고 아니라고 하기에도 애매합니다. 위의 지도를 보면 그 이유를 알 수 있습니다. 노후도를 확인할 수 있는 지도를 보면 가운데 파란색으로 칠해진 구역이 해제구역이고 빨간색으로 칠해진 지역이 현재 계획 중인 재개발 지구입니다. 바꿔 말하면 과거 해제구역이었던 지역에 인근 지역까지 더해 대규모 재개발 사업을 진행하겠다는 것이죠. 이어 노후도를 보면 사실 정확한 충족 여부는 불투명해 보입니다. 게다가 고도지구와 경관지구인 만큼 추가적인 대책이 필요한 상황입니다.

  그럼에도 가칭 추진위가 결성되어 활동하고 있다고 합니다. 현재 동의서를 징구하려는 움직임이 있다고 합니다. 물론 아직 초기 단계인 터라 주민들의 적극적인 참여 여부는 아직은 판단할 수 없습니다.

이런 상황 때문에 프리미엄이 전혀 붙지 않았던 지역이었으나 2020년 말부터 투자자들이 꾸준히 유입되어 현재는 제법 가격이 올랐습니다. 시세가 한 사이클 상승하고 난 후 현재는 매물의 수가 적어지니 매수세가 약해졌다고 합니다.

그렇다면 강북구의 해제구역들을 정리해 보겠습니다. 공주가 1억 원 이하의 주택이 많은 강북구는 현재 투자자들이 유입되면서 가격이 상승했습니다. 하지만 사업 진행 여부에 따라 2차 상승 여부를 판단해야 할 것입니다. **지금은 그 고민을 해야 할 시기로 보입니다.** 물론 1종, 경관지구, 고도지구 등 사업성을 낮추고 사업진행을 어렵게 하는 제약을 받는 지역들이 많아 실질적인 사업 추진 가능성은 제도의 개선 혹은 주민들의 의지가 어떻게 변화하는지로 판단해야 할 것입니다. 서울이고 신축 아파트에 대한 수요가 많이 존재하는 지역인데 신규 공급이 요원한 지역이기도 하여 사업 진행에 대한 주민들의 열기는 뜨겁습니다. 하지만 본문에서 여러 제약 요인을 제시한 대로 실질적으로 넘어야 할 것들이 있으니, **사업 진행 가능성을 충분히 고려한 후에 매도나 매수를 결정해야 합니다.**

PART 3

오피스텔,
신축 아파트의
대안

왜 오피스텔이
트렌드일까?

Chapter 1

킬링 포인트 수익형 부동산으로의 오피스텔에 대한 투자는 예전부터 있었습니다. 주로 월세를 받을 수 있는 초소형 오피스텔 위주의 투자였습니다. 하지만 최근 오피스텔 투자는 원룸형 월세 투자가 아닌 아파트 대용 상품으로서의 주거형 오피스텔에 대한 투자가 많아졌고 여기에 실거주 수요까지 추가되었습니다. 게다가 이전에는 없었던 상품인 초고가 오피스텔, 즉 하이엔드 오피스텔까지 등장했으니 가히 오피스텔 전성시대라 할만합니다.

오피스텔이란 사무실을 뜻하는 오피스(office)**와 호텔**(hotel)**의 합성어**로 일을 하면서 거주도 할 수 있게 만든 부동산입니다. 오피스 역할이 메인이어야 하나 통상적으로 주거로 사용되는 경우가 많기 때문에, 주택은 아니지만 주택의 역할을 할 수도 있는 부동산 정도로 이해하면 될 듯합니다. 국내 주택법상에서도 오피스텔은 주택이 아닌 준주택으로 분류됩니다. 이 준주택이라는 특성이 부동산 투자에서는 매우 의미가 큽니다. 오피스텔은 특성상 각종 규정별로 주택이 될 수도 있고, 업무시설이 될 수도 있습니다. 세법상으로 오피스텔은 업무시설이기 때문에 업무시설에 해당하는 세금이 부과됩니다. 그러나 세금은 실질과세원칙이 적용되므로 **업무용으로 사용되었다면 업무시설에 대한 세율이 적용되고, 주택용으로 사용되었다면 주택의 세율이 부과될 수 있습니다.**

그렇다면 이런 용도를 정부에서는 어떻게 확인할까요? 일단 취득 시점에서는 확인할 수 없습니다. 그렇기에 주거 용도, 업무 용도를 막론하고 법의 기준에 따라 일괄적으로 4.6%의 취득세가 부과되는 것이죠.

일반적으로 취득 이후에 발생하는 세금인 재산세, 종부세, 양도세 등은 소유자가 실질적으로 사용하는 결과에 따라 부과됩니다. 과세 당국에서 가장 편리하게 구분하는 방법은 전입신고겠죠. 일단 전입 신고를 했다는 것은 업무 용도보다는 주거의 용도로 사용하겠다는 의미로 추정 가능하기 때문입니다.

주택으로 간주된 이후부터는 양도세 등을 계산할 때 오피스텔도 주택의 숫자에 포함됩니다. 하지만 주택 청약에서는 업무시설로 등재되며, 등기부등본상으로도 주택이 아닙니다.

출처: 이데일리

바로 이 부분이 현재 오피스
텔 혹은 아파텔(주거형 오피스텔)이
주목받는 두 번째 이유입니다.

최초의 오피스텔 수요는 1인
가구의 증가로 초소형 오피스텔
거주 수요자들이 증가했기 때
문에 투자 상품이 되었습니다.
여전히 이 수요층 때문에 오피
스텔은 **월세 투자용으로 인기가
많은 부동산 투자 상품입니다.**

하지만 문재인 정부 때 새롭게 오피스텔이 투자 트렌드가 될 수밖
에 없었던 기막힌 배경이 발생하는데 바로 **대출 규제**입니다. 현 정부
의 막무가내식 대출 규제 정책으로 인해 주택상품의 경우 주택담보
대출을 받는 것이 사상 최악으로 어려운 시장이 되었습니다. 반면 이
주택 대출의 암흑기에도 웬만하면 오피스텔의 대출은 여전히 적어도
50%, 최대 70%까지는 진행되고 있습니다. 결국, 이 **대출을 활용할
수 있다는 포인트**가 오피스텔 상품 투자의 가장 큰 장점이 된 것이죠.

여기에 오피스텔에 투자할 수밖에 없는 중요한 이유가 또 있습니다. 그동안 오피스텔은 시세차익 목적이 아니라 월세 수입을 목적으로 한 수익형 투자 상품이었다고 말씀드렸습니다. 하지만 2020년 6·17 대책(다주택 투자 대출 금지, 법인 투자 규제 등)이 발표되면서 주택상품 투자가 어려워지자 새로운 부동산 투자의 틈새시장으로 자리매김하게 되었죠.

― 아파텔의 재발견

우선 이때 주택보다 세금과 대출 등의 이점이 있는 아파텔이 차익형 투자 상품으로 떠오르기 시작했고, 여기에 시장에서 아파트의 시세는 폭등했지만, 아파텔의 시세는 그대로기에 저평가되었다는 주장이 등장하면서 더 큰 인기를 얻기 시작했습니다.

아파텔은 1인 가구를 위한 초소형 오피스텔이 아니라 **아파트의 대체 상품으로서의 주택 역할을 하는 오피스텔**을 의미합니다. 아파텔이 부각된 배경은 2~3룸 아파텔의 구조가 아파트와 흡사함에도 단지 오피스텔이라는 이유로 아파트에 대비해서 수요층이 적어 아파트의 상승기인 2014~2019년까지도 아파텔의 상승세는 거의 존재하지 않았다는 것에서 시작합니다.

하지만 아파트 수요는 증가하는데 매물이 줄어들다 보니 아파텔로 수요가 몰리기 시작했고, 2020년 하반기에는 웬만한 수도권 2~3

룸 아파텔의 시세가 이전과는 다른 수준으로 높게 상승하며 아파텔은 신규 분양의 인기 상품으로 등극했습니다. 아파트 청약은 철저하게 가점제 위주지만, 오피스텔은 추첨제가 대부분이기 때문에 최근에는 신축 아파트의 대안 상품으로 아파텔이 크게 떠오른 것이죠.

아파텔은 꽤 오랜 기간 매매 시세가 오르지 않았기 때문에 매매가와 전세가의 갭이 크지 않았습니다. 전세가율이 매우 높았죠. 하지만 최근 2~3룸 아파텔의 시세가 크게 상승하면서 매매가와 전세가의 갭이 벌어지자 투자자들의 추격매수가 줄어들었습니다. 투자 메리트가 떨어진 것이죠. 결국 2~3룸과 소형(원룸)의 차이가 줄어들기를 기대한 시세차익형 투자자들은 **2021년부터 원룸과 1.5룸 오피스텔까지도 갭 투자의 대상으로 삼고 매수하기 시작했습니다.**

일단 대다수 원룸은 매매가와 전세가가 거의 같아 취득세 4.6%만 지불하면 추가 비용 없이 투자가 가능한 소액 투자처라는 점이 소액 투자자들에게는 상당한 유인책이었던 것 같습니다. 하지만, 20여 년간 원룸·오피스텔은 수익형 투자 상품의 대표로 인식이 굳어져 있었기 때문에 전방위적으로 시장이 확대되진 않았습니다. 여전히 대부분의 지역에서는 기대만큼 시세차익형 목적의 타 부동산들처럼 시세가 크게 오르지 않는다는 인식이 강해 소형 오피스텔의 인기가 최고로 높은 지역인 강남권이나 분당, 정자역, 송도 등에서나 투자 움직임

이 다소 있는 편입니다.

한편, 지방의 경우 제주도까지 아파트의 가격 상승에 맞춰 아파텔 시장까지도 외지 투자자가 유입되었습니다. 의외로 초고층 아파트가 많고 부동산 투자가 활발한 부산은 해운대의 우동 지역을 제외하곤 특별한 투자 움직임을 찾아볼 수 없었습니다. 어찌 보면 부산의 투자자들은 대부분 극 초기 재개발구역과 공시지가 1억 원 이하의 투자 상품에 더 몰려있기 때문일 수도 있습니다.

그리고 서울과 직접 비교하기가 어려운 것이 서울과 인기 수도권 지역들은 **실거주 목적의 대기 수요층들이 풍부하여 아파트 공급이 충분하면 아파텔의 수요도 증가**하는 것이 일반적인 행태인데, 부산에서는 서울이나 수도권 만큼의 대기 실수요층이 존재하지 않기 때문에 투자층만 가지고는 아파텔에 대한 투자가 정착하기 어려운 시장이라는 판단도 있습니다.

출처: 네이버 부동산

Chapter 2

비싼 수도권 아파트의 대안

킬링 포인트　2021년 하이엔드 오피스텔의 분양으로 르피에드, 상지카일

룸M, 몬트레아한남에 이어 강남역 루카831의 청약이 있었습니다. 루카831

은 분양가가 최저 13억 원부터 최고 28억 원까지 전용면적 기준 평당 1.3

억 원에 육박했는데, 최고 47.5:1의 높은 경쟁률을 보이며 하이엔드 오피스

텔에 대한 시장의 관심을 보여주었습니다. 물론 청약률과 계약률은 같지 않

겠지만, 그럼에도 청약률이 높다는 건 그만큼 수요가 많다는 의미입니다.

　　아직 시장 초기 단계이기에 기회와 리스크가 함께 혼재되어 있습니다.

하이엔드 오피스텔이 최근 부각된 이유가 무엇인지, 그리고 어떤 상품들이

있었는지, 투자 시 유의할 점은 무엇인지 구체적으로 팩트 체크와 분석을

해보겠습니다.

　　2021년 초에 주택 시장에 몇 가지 규제가 추가되면서 부동산 투자

자들의 시선이 아파트에서 오피스텔로 더 많이 확대되었습니다. 원룸

오피스텔은 갭이 그리 벌어지지 않았고, 그간 투자자 유입이 적은 편

이었습니다. 시장 참여자들의 생각은 2~3룸 오피스텔은 그동안 많이 올랐으나 원룸 오피스텔은 가격 상승이 없거나 미미했기에 현재 시장에서는 단기 투자처로서 매력 있다고 판단한 것이죠.

이렇게 전망한 또 다른 이유는 최근 전월세 매물이 급감하였고, 특히 전세 매물의 시세는 부르는 것이 시세가 될 정도의 임대인 위주의 시장이 되다 보니, 전세가의 상승이 결국 매매 시세를 밀어 올릴 것이라는데 의견이 모아졌습니다.

또한, 오피스텔의 경우, 주택이 아니라서 종부세합산에서 배제된다는 이유로 자산으로 보유 중인 수요층들도 증가하고 있습니다.

이러한 트렌드들을 현장에서 검증하기 위해 분당구 정자역 상업지역 내 오피스텔을 사례로 살펴보겠습니다.

분당(임장 조사 날짜: 2021년 3월 23일)

우선 정자동 상업지구의 오피스텔을 보겠습니다. 지역 내 투룸 이상의 오피스텔이 먼저 가격이 오른 이유를 살펴보면 서울 수도권의 아파트 가격이 크게 상승하면서 **아파트의 대체재로써 투룸 이상의 오피스텔**로 수요가 몰리면서 시세가 상승한 것입니다.

정자역 상업지구 전경

하지만 투룸 이상의 오피스텔 시세 상승이 원룸 오피스텔에도 이어질지는 조금 더 지켜봐야 할 듯합니다. 실거주 수요층과 소유주의 목적이 다르기 때문입니다. 물론 전세와 월세 비용이 점점 증가하는 추세인 것은 맞습니다. 현재는 원룸에 거주 중인 임차인들이 근처로 이동할 만한 곳이 없어 **임대인이 임대료를 어느 정도 올려도 그대로 거주하면서 돈을 더 지불**하고 있습니다.

특히, 이곳 분당은 **이미 다 개발된 신도시인만큼 추가 공급이 거의 없는 상황**에서 네이버 제2 사옥이 곧 들어올 예정인 점이 호재로 작용했습니다. 이 지역으로 출퇴근할 직장인의 수요가 증가하는 것은 확정된 팩트이기 때문입니다. 과거 분당 **두산타워**가 들어오면서 인근 오피스텔의 주거 비용이 크게 상승했던 사례가 이를 증명하죠. 이 지역의 대체 입지로 언급되는 지역은 같은 신분당선 권역에 있는 오피스텔입니다. 하지만 도보권 출퇴근 입지와 지하철 출퇴근 입지의 차이는 큽니다. 산술적으로 계산해봐도 교통비용 이상으로 월세를 더 지불해도 도보권 입지를 선택할 수요층들이 더 많을 것이기 때문입니다.

2021년 6월부터 시행되는 전·월세신고제 대상에 오피스텔이 제외된 것도 오피스텔 임대인들에게는 호재가 될 수 있습니다. 다만 전·월세상한제 시행 후에도 종부세합산 대상에서 포함될지 여부가 향후 투자에 있어 가장 큰 문제가 될 듯합니다. 부동산 제도도 매달 쏟

아져 나오고 있고, 규제 여부에 대해 말이 많은 상황이라 향후 정책의 방향을 유심히 살펴볼 필요가 있습니다.

하지만 여러 가지 기회와 위기 요인을 종합해봤을 때, 일자리가 증가한다는 것은 부동산 관점에서는 가장 큰 호재입니다. 계획 단계도 아니고 바로 입주하는 것은 거의 실현된 호재이니까요. 특히, 젊은 직장인 수요가 발생하는 만큼 오피스텔 투자자라면 관심을 가질 수밖에 없는 입지입니다. 당연히 매물이 줄어들 것이고 그렇게 되면 시세는 오를 수밖에 없기 때문이니까요.

원룸 오피스텔은 실수요자의 자가거주용 주택이나 시세차익형 상품이 아니라 순수하게 월세를 통해 수익을 획득하는 투자 상품이었

정자동 오피스텔 밀집 지역 전경

기에 향후 후속 투자자들이 어떤 목적으로 매수할지 생각해볼 필요가 있습니다. 요즘처럼 월세 수익률이 낮은 시장에서는 월세를 목적으로 한 투자자들은 매수하지 않을 것이고, 시세 상승으로 인한 시세 차익이 보인다고 판단되면 법인이든 개인이든 단기 투자자들이 유입될 수 있겠지요.

현장의 중개업소 소장님들에 의하면 투자자들은 **주로 입주한 지 10년이 안 된 준 신축 매물을 선호하고,** 아직 갭이 많이 벌어지지 않은 현재 임차인이 세 들어 사는 매물을 가장 많이 찾고 있다고 합니다. 다음 표에 분당 정자동의 몇몇 소형 오피스텔을 정리해 보았습니다.

분당 정자동 소형 오피스텔							
구분	두산위브 파빌리온	백궁동양 파라곤	푸르지오 2차	AK 와이즈 플레이스	푸르지오 3차	엠코 헤리츠	대림 아크로텔
입주	2005.06	2004.09	2013.11	2015.05	2015.06	2014.10	2004.07
세대 수	1,519	1,113	361	506	1,590	1,230	1,035
신분당선	덜 역세권	역세권	덜 역세권	덜 역세권	비역세권	비역세권	비역세권
용적률	906%	956%	429%	471%	491%	414%	525%
건폐율	52%	76%	75%	72%	72%	58%	60%
원룸	270	260	240	260	260	250	200
1.5룸		280	310	280	350		
투룸	370	320		360	390	350	

(단위: 백만 원)

위례신도시(임장 조사 날짜: 2021년 5월 31일)

분당구가 포함된 성남시와 경계선을 맞댄 지역인 송파구는 마곡동과 더불어 서울의 대표적인 대규모 오피스텔 밀집 지역입니다. 특히, 문정동에 많은 오피스텔이 있습니다. 문정동은 약 54만m²에 달하는 부지에 현재도 도시 개발 사업이 진행 중이죠. 몇 년 전만 해도 서울시에서는 드물게 논밭과 비닐하우스가 있던 농경 지대였으나, 현재는 미래형 첨단업무시설이 계속 들어서고 있습니다. 이른바 천지개벽 중인 곳이죠.

문정동 업무지구 전경

처음으로 소개할 오피스텔은 **하비오**입니다. 이 오피스텔은 다른 오피스텔과 달리 저렴한 매물이 꾸준히 공급되는 곳으로 유명합니다. 주변 다른 오피스텔이 매매, 전세 매물이 모두 귀한 것과 비교해 보면 상당히 특이한 곳이죠. 이런 매물의 공급이 가능한 이유는 하비오 오피스텔의 독특한 수요, 공급 조절 방식에 있습니다. 이 오피스텔은 하비오라는 법인이 제1 공급자로 물량과 시세를 조절하고 있습니다. 독점하는데도 너무 비싼 가격도 아니고 인근 원룸·오피스텔의 시세보다 약 1,000~2,000만 원가량 낮은 가격으로 계속 공급하고 있습니다.

문정 하비오 오피스텔 옆에는 하이엔드급 오피스텔이 건설 중이다

그리고 2021년 6·17 대책으로 법인 종합부동산세가 강화되면서 법인에서 전량 보유하던 오피스텔의 매물을 풀기 시작한 것으로 계약 기간이 만료되거나 조기 퇴거하는 매물을 인근 부동산을 통해 공

급 중입니다. 처음 투자자들의 관심을 받은 매물은 투룸 오피스텔이었습니다. 앞서 언급했던 아파트의 대체재라는 이유로 투룸 오피스텔의 가격이 전반적으로 상승하던 시기였죠. 마찬가지로 하비오 오피스텔의 투룸도 제법 시세가 많이 올랐습니다. 현재는 2020년 여름부터 꾸준히 공급하던 매물의 공급을 조절하고 있습니다.

원룸의 가격은 그대로이고 현재 공급량도 조정 중이기에 가격 상승을 기대하면서 관심을 보이는 투자자들이 제법 있습니다. 그들의 논리는 혹여 원룸의 시세가 제자리더라도 인근 원룸의 시세보다 조금 낮게 공급됨으로써 취득세를 고려하더라도 큰 손해는 보지 않을 것이라 말하며, 길 건너 건설 중인 르피에드 문정 하이엔드 오피스텔이 모두 분양이 완료되었기에 입주 시에 같이 오를 가능성이 있다고도 주장합니다.

사실 같은 오피스텔이라도 매수자들의 선호도는 차이가 있습니다. 그렇다고 시세 차이가 엄청 크게 나는 것은 아니지만, 임대나 매도가 잘 되는 부동산을 고르는 게 투자자들의 공통적인 기대일 겁니다.

이 목적을 달성하기 위해 **오피스텔 선택 시 가장 먼저 고려할 것은 전용면적입니다. 두 번째는 층수죠.** 하지만 전용면적은 대부분 비숫한 경우가 많습니다. 차별화 포인트가 거의 없다는 것이죠. 그래도 혹시라도 다르다면 그만큼 시세 차이가 있을 것이니 디테일한 분석을 통해 매수할 투자자라면 같은 가격이라도 전용면적이 유리한 호실을 선점하는 것이 좋습니다.

주변 오피스텔의 층수도 유사한 상황입니다. 투자자들이나 실 거주층들도 대부분 10층 이상의 오피스텔을 선호합니다. 아무래도 오피스텔은 번화가나 상업구역 근처인 경우가 많은데요. 저층은 소음으로 인해 불편을 겪을 수 있으니 당연히 선호도가 상대적으로 낮을 수밖에 없겠지요. 그래서 층수도 가격에 적지 않은 영향을 미치는 요소로 포함해야 합니다.

"전용면적도, 층수도 유사할 때에는 그럼 도대체 선택 포인트로 무엇을 더 체크해야 하는가?"라고 물어볼 수 있습니다. 여기에 하나를 추가하면 바로 **모양**입니다. 모양이라고 하면 의아할 수도 있습니다. 오피스텔 공간은 대부분 같은 것이 아니냐고 반문하는 분들이 있을 겁니다. 그렇다면 어떻게 모양이 차이 나는지 다음 페이지의 사진을 보세요.

위 사진은 **송파푸르지오시티** 오피스텔을 외부에서 촬영한 사진입니다. 혹시 왼쪽 부분과 오른쪽 부분의 다른 점을 아시겠나요? 왼쪽 부분은 사선 모양이고 오른쪽 부분은 반듯하죠. 하지만 내부를 봤을 때는 그리 큰 차이가 없어 보입니다. 사선이 방 내부까지도 완전 사선으로 디자인되어 있지는 않으니 말이죠.

인근 오피스텔들도 유사한 모양을 가진 곳이 꽤 됩니다. 처음에 설명했던 하비오 오피스텔도 외형의 모양이 이렇습니다. 이 외형의 모양이 다르다 해도 전세가도 거의 차이가 없고, 모양이 다르다고 해서 임차인을 구하는 데도 차이도 없습니다. 그럼 왜 모양을 고려해야 한다고 말씀드렸을까요?

바로 임대 시가 아니라 매매 시 얼마나 빠르게 현금화가 가능하냐, 즉 매도가 되는지가 핵심 포인트입니다. 하비오 오피스텔만 해도 원룸이 1,000세대가 넘습니다. 만약 현금이 필요해서 매물로 내놓았을 때 전체 매물의 5%만 시장에 나왔다 해도 매물은 50곳이 넘겠죠. 이 중 가장 빨리 팔리는 건 당연히 가장 선호도가 높은 매물이겠죠. 가격은 비슷비슷할 가능성이 크니까요. 이 모양을 확인하는 방법은 간단합니다. 부동산이나 인터넷에서 해당 건물의 구조에 관한 자료를 찾아보면 금방 알 수 있죠.

그래서 어떤 모양이 더 인기가 많냐구요? 설마 말씀을 드려야 아는 것은 아니겠죠? 저는 부동산도 사람도 반듯한 것이 더 좋더라구요.

강남구 자곡동(임장 조사 날짜: 2021년 7월 18일)

이번에는 서울의 강남구로 방향을 돌려보겠습니다. 흔히 우리가 강남의 부동산이라고 하면 엄청나게 높은 가격대만 있을 것이라 생각하지만, 실상은 그렇지만은 않습니다.

강남구 자곡동 오피스텔

수서역

수서 역세권 사업

임장(기록)일: 2021년 7월 16일

강남구 자곡동의 오피스텔을 예로 들어보겠습니다. 명색은 강남구임에도 앞에서 설명했던 분당보다 시세가 낮고 위례신도시나 미사강변도시와 시세가 비슷한 수준입니다. 오피스텔의 가격은 임차 실수요량으로 결정되는데 수요가 많은 곳이 시세가 높겠지요. 그리고 오피스텔 실거주 수요가 많은 곳은 도심입니다. 그냥 도심이 아니라 교통이 편리한 도심입니다. 이 조건을 적용하면 자곡동의 행정구역은 대한민국의 대표적인 도심인 강남구 소속이긴 하나 일자리와 교통환경에서는 벗어난 위치에 있다 보니 시세가 서울이 아닌 경기도 신도시 수준에 머물러 있는 것이지요.

그래서 저평가된 것이 아닌지, 지금 매수해야 되는 타이밍이 아닌지 추천하는 전문가들도 있습니다. 여러분들의 의사결정 판단을 돕기 위해 객관적으로 팩트 체크를 해보겠습니다.

먼저 지금의 자곡동은 이미 말씀드린대로 가격이 높을 수가 없는 조건입니다. 하지만 미래가치가 올라갈, 즉 수요가 증가할 호재가 있다면 지금 가격대를 상승시켜 줄 여지가 존재하는 곳이죠.

현재 수서역에는 GTX-A와 수서역세권 사업을 착공했고, 위례와 과천을 잇는 전철이 이 지역을 지나간다는 것이 확정되었습니다. 수서역세권 개발과 GTX-A는 확정된 팩트이고 위례과천선은 언제 추진될지 모르는 상황입니다. 이 두 호재들을 고려하여 가치를 평가하면 될듯합니다.

현재는 강남구라는 행정구역명의 타이틀과 GTX-A, 수서역세권 사업이 진행됨에도 불구하고 매도자 우위가 아닌 매수자 우위의 시장이 형성되었습니다. 일단 1.5룸은 최근 문의가 늘며 매도자 우위로 일부 전환되고 있으나, 여전히 원룸은 매수자가 우위인 시장입니다.

하지만 자곡동 오피스텔이 처음부터 지금과 같은 매수자 우위의 시장이었던 것은 아닙니다. 현재의 매수자 우위 시장이 된 가장 큰 이유는 매매가 하락과 더불어 2020년 8월에 발표한 민간임대주택에 관한 특별법 개정에 따라 임대사업자 직권말소로 종부세와 양도세 피해가 갈 것을 우려한 사람들의 매도 문의가 있었고, 2021년 5월 말 잔금 조건까지 겹치며 매매시세가 조정되었기 때문입니다(현재는 오피스텔 임대사업제도는 다시 직권말소 대상에서 제외되었습니다).

하지만 **전세 상승은 있습니다.** 현재는 전세는커녕 월세도 매우 귀한 지역이 되었습니다. 인근에 오피스텔 공급이 딱히 없기 때문이기도 하겠지만, 강남구에 주민등록을 희망하는 수요는 계속 증가하다 보니 유입 수요는 많지만, 유출 수요가 적기 때문이라는 것이 현재 중개업소 소장님들의 의견입니다.

이런 이유로 매매가는 하락하고 전세가는 상승하다 보니 매매가와 전세가의 갭이 없는 소위 무피 상품이 만들어졌고, 이로 인해 지금은 매매가가 살짝 반등하기도 했으나 전세가가 바로 동반 상승해 여전히 무 갭 물건이 종종 존재하는 시장이 되었던 것이죠. 현재 1.5룸은 호가 상승으로 인해 약 1,000만 원 선의 갭을 유지한다고 합니다.

이러한 추세에 맞춰 **매도자들은 전세가를 올려 무 갭으로 매수자들이 취득세만 내면 매수할 수 있도록 하고,** 매수자들은 아직 2~3

년 전 전고점까지 2,000만 원 정도 상승 여력이 남았다는 것과 갭이 없다는 것을 투자 포인트로 삼고 있습니다.

더샵라르고(2014년 6월 입주, 총 458세대)

임장(기록)일: 2021년 7월 16일

자곡동에는 6개의 오피스텔 단지가 있습니다. 이곳의 오피스텔 시세 차이의 핵심은 전용면적과 숲 조망 여부입니다. 우선 전용면적은 역시 조금이라도 큰 호수가 유리합니다. 이 중 지웰시티는 1.5룸이 다수 있어서 선호되는 단지고, 푸르지오시티 2차의 21/22평형 타입은 전용면적이 작다 보니 현장에서는 투자처로 권하지는 않았습니다.

그다음은 숲 조망권 확보 여부인데, 지웰홈스에는 숲 조망 호실이 있어 선호되며, 푸르지오시티 1차와 더샵라르고의 경우도 남향보다 오히려 숲이 보이는 북향이 더 선호되고 호가도 1,000만 원가량 더 높다고 합니다.

강남구 자곡동 오피스텔

임장(기록)일: 2021년 7월 16일

그렇다면 자곡동 오피스텔 시장을 요약해 봅시다. 행정구역명 프리미엄이 있는 강남구임에도 연식이 비슷한 분당의 정자역이나 송파구의 장지역 인근보다 매매가가 낮아 저평가된 지역이 아닌지 투자자들이 고민하는 지역입니다. 그중에서도 현재 1.5룸은 투자자들이 많이 찾고 있고, 아직 원룸은 매수세가 적어 추이를 살펴볼 필요성이 있습니다.

하남시 위례동(임장 조사 날짜: 2021년 5월 7일)

위례효성해링턴타워(2016년 9월 입주, 총 1,116세대)

임장(기록)일: 2021년 5월 6일

마지막으로 수도권에서 살펴볼 오피스텔 단지는 경기도 하남시 위례동입니다. 위례동은 3기 신도시 계획지 중 가장 선호도가 높은 하남 교산지구에서 멀지 않은 지역이기도 하죠. 위례에는 4개의 오피스텔이 있는데 투자자들은 역세권이라 시세가 높은 지역의 오피스텔보다는 시세가 상대적으로 낮은 효성 오피스텔과 북위례 지역을 선호합니다.

먼저 효성 오피스텔은 원룸과 투룸이 혼재되어 있고 원룸의 세대 수는 936, 투룸의 세대 수는 180으로 두 구조의 평단가는 약 900만 원 정도 차이가 납니다. 효성 오피스텔은 2020년 말부터 투자자들이 유입되어 그나마도 몇 없던 매물이 대부분 소진되었고, 현재까지 입주 물량이 귀한 상태라고 합니다. 현재 거래가 가능한 물건들은 월세 매물이거나 낮은 가격으로 계약된 전세 매물만 있어 투자자들은 적극적으로 관심을 보이지 않고 있습니다. 당연히 **월세는 수익률이 나오지 않는데 대출을 받아야 하고, 전세 갭이 커지면 실투금이 커지다 보니 투자자들 입장에서는 부담이 될 수밖에 없겠지요.**

북위례(송파) 상업지역의 오피스텔

헤븐시티

르보아

임장(기록)일: 2021년 5월 6일

북위례의 경우, 헤븐시티에서는 5월 말 입주 기간의 종료까지 등기 전에 분양권 상태에서 밀어내기 매물의 거래가 있었다고 합니다. 시세는 분양이 완판된 바로 옆 르보아 평단가에 맞춰 평당 프리미엄이 1,000~2,000만 원씩 높게 거래되었다고 합니다. 투룸의 총 매수가는 취득세 2,000만 원을 포함하여 약 4억 원 선이고 전세는 3.5억 원에서 3.8억 원 수준이었다고 합니다.

초 고급형
하이엔드 오피스텔

Chapter 3

하이엔드 오피스텔은 일반인의 시장이 아닙니다. 실 거주 수요가 있는지, 증여 수단인지 또는 월세 수익을 얻기 위한 목적인지, 자산 저축(asset parking)의 목적인지를 종합적으로 고려한 분석이 필요합니다. 시장은 존재하지만, 향후 규제 여부와 과다 공급을 주의해야 합니다.

하이엔드 오피스텔의 개요(임장 조사 날짜: 2021년 3월 18일)

이번에는 부동산의 최신 트렌드이자 일반적인 오피스텔과는 완전히 다른 비즈니스 모델의 상품을 살펴보겠습니다. 바로 **초 고가형 오피스텔인 하이엔드 오피스텔**입니다. 아직 모델의 태동기인 만큼 다양한 평가들이 혼재되어 있습니다.

강남 하이엔드 오피스텔 건설 위치

아노블리
루시아 도산
펜트힐 케스
상지
카일룸M
펜트힐 논현
원에디션
파크텐
바실리체
르피에드
루카831

출처: 부동산플래닛

하이엔드 오피스텔이란 **시설 내부에 수영장, 헬스장 등의 편의 시설과 조식, 청소, 세탁 등 호텔식 컨시어지를 도입한 최고급형 오피스텔을 일컫습니다.** 주로 청담동 같은 부동산 시세가 매우 높은 지역에 공급되고 있습니다.

강남권 소형 고급 단지 평가- 대표 단지/최근 분양 단지 예시

시기별	단지명	비고
입주단지	청담 아노블리81(2018 입주)	81실(OT)
	디에이션 청담(2018.01 입주)	15실(OT)
	더리버스 청담(2019.01 입주)	36실(OT)
2019 분양	바실리체 삼성(2019.01 분양)	50실(오피스텔)
	신사역 멀버리힐즈(2019.04 분양)	95실(오피스텔83+도생)
	펜트힐 루 논현(2019.10 분양)	158실(오피스텔27+도생131)
	청담쿼럼505(2019.11 분양)	27실(오피스텔)
	르피에드 문정(2019.12 분양)	262실(오피스텔+도생)

2020년 분양	알루어 반포(2020.10 분양)	44실(오피스텔28+도생)
	아츠 논현(2020.11 분양)	66실(오피스텔24+도생)
	오네뜨오드 도곡(2020.11 분양)	86호(도생)
	르피에드 인 강남(2020.12 분양)	140실(오피스텔)
	파크텐 삼성 (2020.12 분양)	96실(오피스텔)
2021년 분양	원에디션 강남(2021.01 분양)	259실(오피스텔25+도생234)
	엘루크 반포(2021.04 분양)	84실(오피스텔)
	몬트레아 한남(2021.04 분양)	142실(오피스텔)
	루시아 도산(2021.04 분양)	92실(오피스텔37+도생55)
	상지카일룸M(2021.04 분양)	88실(오피스텔)
	루카 831(2021.04 분양)	337(오피스텔)
	해링턴타워 서초(2021.04 분양)	285(오피스텔)
	보타니끄 논현(2021.05 분양)	71실(오피스텔42+도생)
	아스티 논현(2021.06 분양)	81실(오피스텔)
	피엔폴루스 크리아체(2021.06 분양)	63실(오피스텔24+도생39)

오피스텔	동	분양/입주 연도	전용면적(㎡, 평)	분양가
루카 831	역삼동	'21년(분) '24년(입)	53~56㎡ (16평)	15.5~21억 원
원에디션 강남	역삼동	'21년(분) '24년(입)	49㎡ (15평)	19억 원
르피에드 인 강남	서초동	'20년(분) '23년(입)	51㎡ (15평)	21억 원
아츠 논현	논현동	'20년(분) '23년(입)	47~49㎡ (14~15평)	14~16억 원
엘루크 반포	서초동	'21년(분) '23년(입)	33.51㎡ (14평)	8~8.5억 원
펜트힐 루 논현	논현동	'19년(분) '21년(입)	54㎡ (16평)	13.5~14억 원

이를 부동산 시장의 문법으로 보자면 우선 오피스텔의 특성부터 이해해야 합니다. 앞서 언급한 바와 같이 오피스텔은 기본적으로 월세로 지속적인 수입을 창출하는 수익형 부동산입니다. 사실 기존 오피스텔도 월세 비용이 낮았던 것은 아닙니다. 물론 가격은 상대적이고 지역마다 다르지만, 일반적으로 기존 오피스텔은 월세가 100만 원 내외였습니다.

하지만 **하이엔드 오피스텔의 월세는 일반 오피스텔과 비교해서 크게 비싸서 평균 400만 원에 이릅니다.** 월세 수준만 비교해 봐도 시장도 상품도 다른 새로운 주거 시장이나 상품으로 보는 것이 맞습니

하이엔드 오피스텔 루카 831 내부의 예시

출처: 루카 831

다. 흥미로운 점은 기존 오피스텔이나 하이엔드 오피스텔도 대지 지분은 모두 비슷합니다. 그래서 일각에선 하이엔드 오피스텔의 분양가가 거품이란 이야기도 있고 그럼에도 미분양 없이 대체로 분양이 완료된 단지들을 보면 시장 수요는 이미 존재하고 있었고, 그 수요를 충족시키기 위한 상품이 드디어 나온 것뿐이라며 시장성이 충분하다면 긍정적이라고 보는 전문가들도 있습니다. 아직 초기 시장인 만큼 어느 쪽의 의견이 맞는지는 쉽게 판단할 사항은 아닌 것 같습니다.

하이엔드 오피스텔의 특징을 좀 더 살펴보면, 지금까지는 대형 매

아노블리81 조감도

물 위주로 청담동 등지에 공급되었습니다. 대표적인 상품이 **청담동 피엔폴루스**였죠. 하지만 시행사 입장에선 이익 극대화를 노리고 한정된 부지에서 기존보다 더 많은 세대를 분양하기 위해 기존 상품들과는 다르게 하이엔드 오피스텔을 중·소형으로 짓기 시작했고, **중·소형 하이엔드 오피스텔의 시초인 아노블리81**이 자리를 잡게 되면서 이후 중소형 오피스텔들은 미분양 없이 완전 분양되었습니다. 그리고 이 시장으로 더 많은 시행사들이 뛰어들고 있습니다. 기존 중·대형 하이엔드 오피스텔 위주로 시행하던 기업들도 중·소형 하이엔드 오피스텔에 도전하고 있는 것이죠.

이 하이엔드 오피스텔은 아파트와는 달리 주택 수에 포함되지 않으며, 9억 원 이상이나 15억 원 이상 대출 규제에 해당하지 않아 **대출도 가능하며, 종부세에도 포함되지 않는 부동산**이라는 이유로 시장 초기에 큰 호응을 얻었습니다. 게다가 **증여나 상속 시 중과되는 세금 없이 가능**한 점도 투자자들에게는 큰 장점으로 어필했죠. 실제로 주택 수에 포함되는 도시형 생활주택에 포함된 하이엔드 오피스텔은 분양에 어려움이 있었다고 합니다. 이런 특징으로 인해 그간 초기 청담동에서나 시행하던 사업이었으나 성공이 이어지면서 이제는 강남권 곳곳에 공급되고 있습니다.

하지만 여전히 그 고가에 대한 찬반 의견은 첨예하게 대립하고 있습니다. 먼저 너무 시세가 높다는 의견들을 정리하면, 아무리 고급화 상품으로 치장했다고 하더라도 상품의 본질은 대지 지분 1~2평 정도의 오피스텔인 만큼 가격 저항선이 있을 수 있다는 것입니다. 그래서 소형 오피스텔의 가격으로는 말이 안 된다는 것이죠.

또 다른 부정적인 평가의 이유로 이런 **고급화 상품 전략의 핵심은 희소성**인데, 현재 적정 수요를 초과한 하이엔드 오피스텔들이 강남 전역에 무분별하게 들어서고 있다는 의견이 있습니다.

반면 시장에 하이엔드 오피스텔의 확대를 긍정적으로 전망하는 의견을 정리하면, 아직 하이엔드 오피스텔이 시장에서 대규모 미분양이 없었다는 점을 근거로 아직은 좀 더 공급되어도 수용할 수 있다는 것이죠.

이 양쪽의 의견 모두 근거는 있다고 생각합니다. 최근 몇 년 동안에 탄생한 상품이고, 입지와 상품에 따라 다른 평가를 받을 수 있기 때문에 좀더 지켜볼 시장이라고 생각합니다.

주택 수로 카운팅이 되지 않은 상품이니 대출도 나올 수 있고, 고가 전세로 세팅할 수 있는 상품이라 가격 상승 여부와 무관하게 자산 저장 수단으로서 매수하려는 이들도 있습니다. 이 목적으로 증여하는 사례도 꽤 있는 것으로 보입니다. 자산가치 유지 및 상승이 목적이라면 하이엔드 오피스텔 선택에 있어서는 입지 가치의 평가가 가장 중요한 것으로 보입니다. 그래서 아직은 강남구, 서초구, 용산구, 송파구 정도만 가능한 상품일 것으로 평가됩니다.

하이엔드 오피스텔과 관련해서 중요한 체크 포인트는 하이엔드 오피스텔 중 토지거래허가구역으로 묶인 지역이 있으나, **오피스텔은 지분이 1~2평밖에 되지 않기 때문에 매수 시 허가가 필요하지 않습니다.** 지분이 낮다는 것이 때로는 유리할 때도 있습니다.

Chapter 4

주변 아파트가 다 올랐으니 대체 수요층이 몰리는 아파텔

킬링 포인트 아파텔, 즉 주거형 오피스텔은 첫째도 입지, 둘째도 입지, 셋째도 입지입니다. 그런데, 그냥 입지면 안 됩니다. 아파트는 입지만 봐도 되는데, 오피스텔은 입지를 가장 중요하게 검토하되 반드시 가격을 고려해서 평가해야 합니다. 그리고 아파텔을 선택하는 데 있어 아파트 대비 좋은 상품 경쟁력까지 갖추어야 비로소 아파트와 경쟁할 수 있습니다.

일산 아파텔(임장 조사 날짜: 2021년 1월 11일)

계속 서울의 오피스텔만을 다뤘으니 이제는 영역을 수도권으로 넓혀 이야기를 이어보겠습니다. 수도권에선 실수요자들이 아파텔이라는 형태의 오피스텔을 선택합니다. 아파텔은 아파트와 오피스텔을 합쳐 만든 신조어로 주거용 오피스텔을 일컫는 말입니다. 주로 20~30평대가 많고 모습이 아파트와 흡사하다는 점에서 원룸이나 투룸형 오피스텔과 구분 지어 부릅니다. 아무래도 아파트 청약은 워낙 경쟁이 치열해 수백 대 1을 기록하는 단지가 대부분이고, 전세가도 만만치 않아 많은 사람이 최근 실거주 대안으로 아파텔을 선택하는 경우가 늘고 있습니다. 구조는 아파트와 비슷해 대체재로써 환영받으면서도, 근본이 오피스텔이다 보니 주택과 관련된 규제를 적용받지 않는 점이 인기의 요인이라 할 수 있죠.

시장에서의 인식도 오피스텔이라기보다 아파트와 유사하게 평가받습니다. 보통 오피스텔은 월세를 세팅하여 지속적인 수입을 얻는 수익형 모델이 대부분인 데 반해, **아파텔은 임대 수익을 넘어 시세차익 목적의 투자 수익까지도 기대할 수 있습니다.**

그럼 지금부터 사례를 통해 서울과 인접한 일산 신도시와 수원시, 두 수도권 도시의 아파텔 시장을 알아보겠습니다.

먼저 일산 신도시는 서울의 서북부 경계에 맞닿은 고양시 지역으로 1기 신도시 중에서는 유일한 한강 이북 사업지로 지정되어 개발된 곳입니다. 일산 신도시의 경우, 주로 백석역 주변에는 쓰리룸 이상의 아파텔들이 모여있습니다. 이 지역 아파텔은 인기 상품은 아니었으나, 최근 들어 실수요자 위주로 매물 여부에 대한 문의가 이어지고 있다고 합니다.

그중에서도 가장 문의가 많은 매물은 주로 **신축 아파텔**이라고 합니다. 신축 아파텔이 주목받는 이유는 단순히 신축이어서가 아닙니다. 주변의 아파트와 비교해서 가격 차이가 큰 아파텔 위주로 주목받고 있는 것이죠. 아무래도 주변 입지 내 아파트 시세와 비교해 봤을 때 아파텔이 상대적으로 시세가 낮다고 생각하고 향후 가격이 오르리란 기대심리에 기인한 것으로 보입니다.

그리고 구축 중에서도 주상복합과 외관 및 구조가 비슷하고 접근성이 용이한 아파텔 단지도 더 많은 수요가 발생하고 있습니다. 물론 구축 아파텔의 경우 매물을 확인할 때 좀 더 심사숙고해야 합니다. 쓰리룸 이상의 구축 아파텔은 세대 수가 적다 보니 매물 자체가 적습니다. 매물이 적으면 상승한 가격으로 매수해서 입주한 이후에는 거래 자체가 발생하기 어려울 수 있기 때문입니다. 홍행성(수요)이 낮을

수도 있다는 겁니다. 그래서 인근의 신축 아파텔과 구축 아파텔의 시세 상승률을 보면 확연히 차이가 나는 곳이 꽤 많습니다. 결국, 아파텔은 입지가 가장 중요하고 가격을 입지와 함께 고려해야 하며, 상품 경쟁력까지 반드시 따져봐야 합니다.

수원 오피스텔(임장 조사 날짜: 2021년 1월 12일)

수원시청역 인근은 아파텔보다는 원룸 오피스텔이 주력 상품입니다. 수원 아파텔 투자자들의 매수 이유를 들어보면 인근 아파트가 많이 오를 동안 아파텔은 가격이 오르지 않아 연식이 비슷한 구축 아파트와 비교해서 저평가되었다는 것이었습니다. 이는 **원천동 준공업지역**의 아파텔 매수자들도 이유가 비슷합니다. 그들은 인근의 고급 아파트 중 연식이 비슷한 아파트와 아파텔을 비교해도 가격이 반값

수원시청 나혜석 거리

정도 수준이라며 현재 가격이 저평가되었다고 말합니다.

보통 아파텔은 세대 수가 적다 보니 몇 건 계약이 진행되면 매물이 바로 소진되기 마련이죠. 그러니 자연스럽게 매물이 적어지면서 시세가 상승할 것이란 게 아파텔에 투자하길 원하는 사람들의 기대입니다. 왜냐하면, 아파트에 투자자층이 유입되어 거래되면 매물이 귀해지면서 자연스럽게 시세가 상승하는 모습을 봐왔기 때문입니다. 광교 신도시의 현재 위상이 그렇게 이루어진 것이니까요.

하지만 수원의 아파텔 시장도 광교 신도시 아파트 시장과 같은 트렌드를 보일지는 좀 더 지켜봐야 합니다. 가장 큰 문제는 환경 요인입니다. 수원시청 사거리는 앞서 언급한 바와 같이 최대 번화가 상권이다 보니 각종 유흥시설이 즐비하고, 원천동도 준공업지역이기 때문에 아파텔 근처에 공장이 이어져 있습니다. 앞서 살펴본 일산 신도시와는 주거 여건이 완전히 다릅니다.

또한, 일산은 3기 신도시인 창릉 신도시가 개발되기 전까지 공급 물량이 많진 않지만, 수원은 2021년부터 2023년까지 제법 입주 물량이 많습니다. **아파텔은 아파트와 비교해서 입주 물량에 대한 체력이 매우 떨어집니다.** 그렇기에 시세만으로 저평가되었더라도 아파트의 대체재로 실수요자들이 선택할지는 좀 더 지켜볼 필요가 있습니다.

게다가 4.6%라는 취득세 역시 부담입니다. 적어도 실거주 목적의 1주택자 이하 세대에게는 큰 부담이 될 수 있습니다.

그럼에도 아파텔은 같은 입지 조건의 아파트와 시세 격차가 매우 크다면, 어느 정도까지는 좁혀질 가능성이 있습니다. 최근 아파텔 거주에 대한 선호도가 크게 증가했기 때문입니다. 종합해 보면 아파텔은 아파트의 대체재 역할을 어느 정도 수행하고 있습니다. 하지만 그렇다고 **아파트보다는 경쟁력이 한 수 아래인 상품인 것도 맞습니다.** 결국, 입지 조건, 가격 경쟁력, 주변 이슈, 상품 경쟁력 등 다양한 측면에서 꼼꼼히 비교해 보고 결정하길 추천합니다.

제주 오피스텔(임장 조사 날짜: 2021년 7월 14일)

수원보다 더 아래 지방으로 내려가 볼까요? 비행기를 타고 바다를 건너 제주도까지 넘어가 보겠습니다. 우리나라에서 가장 큰 섬 제주도에는 많은 사람이 살고 있고, 투자자도 많이 유입되고 있습니다. 최근에 오피스텔 시장도 함께 주목받고 있는데, 다른 지역과 마찬가지로 인근 아파트와 비교했을 때 시세가 너무 낮아 저평가되어 있다는 것이 투자자들의 의견입니다.

신 제주 연동 트리플시티(2021년 11월 입주 예정, 총 441세대)

임장(기록)일: 2021년 7월 13일

신 제주 연동 트리플시티는 2021년 11월 입주 예정인 고급형 쓰리룸 아파텔입니다. 매수자들이 이 오피스텔을 선택한 이유를 정리해 보면 도보권 거리에 존재하는 20년된 구축 아파트인 e편한세상 2차 아파트도 최근 시세가 6억 원에서 9억 원까지 올랐는데, 수영장도 있는 고급형 아파텔인 트리플시티의 시세 변화가 없으니 곧 시세가 상승할 것이라는 분석입니다. 이 분석 방법은 앞서 살펴본 수도권의 아파텔 흐름에 적용해 보면 맞는 전망이 될 수도 있겠지만, 제주도에도 육지의 부동산 트렌드가 과연 적용될까요?

2021년 초 미분양이 발생했을 때 법인으로 매수한 물건들이 입주를 앞두고 다수 시장에 나와 있습니다. 저층은 프리미엄이 없고 꼭대기 층은 약 4,000만 원 선의 프리미엄이 형성되어 있으며, 시세는 방향과 층에 따라 구분되어 있습니다. 아무래도 트리플시티가 삼각형 구조라서 남동향, 남서향, 북향이 혼재되어 있기 때문에 시세 차이가 발생합니다. 먼저 남동향과 남서향의 고층은 집 안에서 산이 보이는 산 조망권입니다. 북향은 많은 사람들이 로망으로 여기는 바다 조망권입니다. 다만 건물들에 가려 바다가 눈 앞에 펼쳐지는 조망권은 아니라고 합니다.

전망은 고층에 해당하는 조건이고 사실 저층은 인근 고층 건물들에 다 가려서 바다는커녕 산도 잘 보이지 않는 호수도 있다고 합니다. 이런 이유로 매수 대기자들은 고층 매물만을 매수하려다 보니 저층은 프리미엄이 붙지 않은 물건도 거래되지 않는다고 합니다.

그런데 아직 미입주 상태인 데다가 거래가 많지 않아 지금 매수하면 잔금까지 감당해야 할 수도 있습니다. 즉 추가 자금이 더 필요할 수 있다는 것이죠. 대다수 매물이 일반 임대사업자 포괄양수조건이기에 전입신고도 불가능해 당장 전세 세입자를 구하기 어렵죠. 그렇다면 일단 법인 잔금 대출을 받아 잔금을 치르곤 공실로 둔 채 기다리거나 연세나 단기 임대로 세팅한 후 이후 상황을 보고 어떻게 처리해야 할지 결정해야겠지요. 연세란 제주도만의 특징으로 1년 치 월세를 한 번에 받는 대신 월세의 1~2달분을 할인해주는 방식을 말하는데, 신 제주 연동 트리플시티의 연세는 월세 150만 원 기준으로 약 1,500만 원 정도라고 합니다.

출처: 신 제주 연동 트리플시티 홈페이지

제주도민들은 다른 지역을 표현할 때 '육지'라는 표현을 많이 사용합니다. 실제 육지 부동산 시장과 다른 부분도 꽤 많습니다. 아직 아파트에 대한 선호도가 육지만큼 높지 않습니다. 오피스텔도 마찬가지구요. 시세 차익형 투자 상품들도 육지 부동산 상품처럼 활성화되지도 않았습니다. 제주도 부동산은 토지 시장 위주로 주목받았고, 소규모 개발 사업들이 주된 유형이었습니다. 최근 몇 년 동안 아파트 시장이 주목받았을 뿐이구요. 그래서 아직 아파트 이외의 공동주택 혹은 상가, 오피스텔에 대해서는 경험치가 많지 않습니다. **아직 어디로 튈지 모르는 시장이라는 의미입니다.**

그래서 **단기적인 접근이 필요하고요.** 아직까진 장기 투자로는 추천할 트렌드는 만들어지지 않았다고 판단됩니다.

PART 4

주거 규제 풍선 효과로
재부각되는
투자 트렌드

※ 현재 부동산 투자 트렌드를 살펴보면 규제받는 지역 내 주택을 제외하고는 모두 투자 대상이 될 수 있음을 확인할 수 있었습니다. 비규제 지역, 비규제 부동산 상품이라면 무엇이든 평소 관심을 가져야 한다는 것을 재확인할 수 있었습니다. 부동산 투자의 재발견 시대라고 해야 할까요?

Chapter 1

지식산업센터

킬링 포인트 최근 지식산업센터에 대한 투자가 폭발적인 인기를 끌고 있습니다. 아파트형 공장이라고도 불리며, 최근에는 첨단산업센터 등으로 불리기도 합니다. 지식산업센터는 입지에 따라 선호되는 업종이 다릅니다. 오피스 용도인지 공장 용도인지에 따라서도 다르고요. 결국, 투자자도 선택을 해야 합니다. 하지만 영원히 지속될 수 없는 호황 시장입니다. 실사용자가 아닌 순수 투자자라면 탈출 전략이 필요할 수도 있습니다.

지식산업센터는 한 건축물에 제조업, 지식산업을 영위하는 기업과 지원 시설 그리고 6개 이상의 공장이 입주할 수 있는 다층형 건축물을 뜻합니다. 과거 공장을 위시한 제조업 분야가 근간이었을 때 여러 공장이 모여 있는 건물인 아파트형 공장에서 IT 등 지식 산업을 영위하는 기업이 공존하는 현실을 반영해서 새로 만든 용어입니다.

지식산업센터는 다른 건축물과는 달리 준공업지역이나 신규 택

지개발지구에 주로 건설됩니다. 그래서 서울에는 한정된 숫자만 공급이 이뤄지는 상품이기도 하죠. 어찌 보면 오피스텔과 그리 큰 차이가 없어 보일 수도 있겠습니다. 특히, 오피스 목적으로 활용되는 경우는 더욱 그러하겠지요. 하지만 용도구역에서부터 실제 사용, 소유자까지 많은 부분에서 차이가 있습니다. 가장 큰 차이는 **오피스텔은 주거 혹은 업무, 두 가지 용도로 사용할 수 있지만, 지식산업센터는 오로지 업무 용도로만 사용할 수 있다는 점입니다.** 현재는 부동산 투자 시장의 틈새상품으로 그 역할을 톡톡히 하고 있습니다.

송파구 문정동(임장 조사 날짜: 2021년 5월 31일)

그럼 서울에서 가장 뜨거운 세 곳의 지식산업센터 입지를 분석하면서 이야기를 이어보겠습니다. 시세로만 따졌을 때 서울에서 **지식산업센터로서 가장 평당 가격이 비싼 지역은 문정동입니다.** 문정동 지식산업센터는 최근 몇 년 동안 시세가 크게 상승했기 때문에 시세차익형 투자처로도 대단한 인기를 끌었습니다. 시세차익형 투자처였지만 임대 수익형의 역할은 점차 축소되었습니다. 왜냐하면 이미 임대 수익률이 3% 이하이고, **시세가 상승하면 할수록 월 임대료가 고정된 상황에서는 임대 수익률은 계속 감소할 것이기 때문입니다.**

최근에는 **분양을 성공한 사업장이 등장하면 그 분양가를 기준으로 시세가 다시 재편되기도 합니다.** 단숨에 시세가 급등하는 사례가

문정동 지식산업센터 전경

빈번하게 나타나고 있습니다. 2020년 가을에 강남구 자곡동의 지식산업센터 **엑슬루프라임**이 평당 2,000만 원에 분양되면서 문정동도 단숨에 평당 2,000만 원 선을 돌파했습니다. 자곡동은 비록 강남구지만, 출·퇴근 시 교통 요건이 꽤 열악하고 규모가 작아 지식산업센터를 찾는 사람들에게는 문정동 지식산업센터가 더 매력있다고 판단했기 때문입니다.

현재는 **문정동 지식산업센터와 가격 측면에서 비교할 대상이 없어 사례를 통한 시세 예측은 쉽지 않은 상황입니다. 말 그대로 대한민국 최고 가격 지식산업센터 벨트가 되었습니다.** 하지만 추가적으로 상승할 것이라는 분석도 나오고 있습니다. 여전히 상승 호재가 충분하다는 것이죠. 3대 지식산업센터 벨트 중 다른 2곳인 성수동과 영등포 지식산업센터의 최근 상승세가 1등 문정동의 시세를 밀어 올릴 가능성이 있다는 겁니다. 성수동과 영등포 지식산업센터는 기존 공장 지대의 공장부지들을 개발한 형태이기 때문에 입지 환경도 어수선하고 도로 등 여러 가지 기반시설이 취약한 데 비해, 문정동 지식산업센터는 태생 자체가 업무지구로 기획되었고 개발된 문정 업무 택지지구에 깔끔하게 들어서 있습니다. 오피스 입지로 보면 테헤란로 정도로 볼 수 있다는 겁니다. 아울러 입지 자체도 강남구의 확장 지역인 송파구인 것도 현재 가장 높은 시세를 유지하는 이유이기도 합니다.

개발 호재로 비교하면 그 격차는 더 벌어질 수밖에 없는 상황입니다. 문정동 인근에는 현재 2개의 대규모 개발이 진행되고 있습니다. 바로 수서역세권 개발 사업과 복정역세권 스마트시티 사업이 그것이죠. 수서역세권 개발 사업은 수서역을 중심으로 고속철도 환승센터 부지, 업무·유통용지, 공공주택용지 세 구역으로 나눠 계획 개발을 진행하는 국가사업입니다. 현재 공공주택용지의 개발 현황은 2020년에 행복주택 두 블록을 분양했고, 2023년 1월에 입주 예정입니다.

이런 수서역세권 개발의 열기가 뜨거워 문정동의 지식산업센터까지 온기가 전달되고 있습니다. 그래서인지 현장에선 지식산업센터를 확보하기 위한 문의가 끊이질 않고 있다고 합니다. 이미 시세가 많이 오른 상태에서도 매수하려는 투자자들의 의견을 들어보면 대출이 충분히 나오는 상품이기 때문에 필요한 자금을 대출받아 차별화된 인테리어를 추가하고, **지식산업센터 상품 자체를 업그레이드해서 입지 호재와 함께 추가적인 시세차익을 노리겠다는 것이죠.**

문정동 지식산업센터의 향후 시세는 수서역세권지구 분양 결과가 제시해 줄 가능성이 큽니다. 만약 수서역세권지구 내 지식산업센터가 평당 3,000만 원 선에서 분양에 성공하면 문정동 오피스텔 앞 라인의 지식산업센터는 2,800만 원 선까지 추격할 것이라는 게 현장의 의견입니다. 2021년 상반기와 비교해서 반년 만에 약 평당 400만 원 이상 수치가 오르는 것이죠. 또한, 수서역세권 효과로 인해 뒷 라인의 가격도 상승해 앞 라인과의 시세 격차가 더욱 좁혀지지 않을까 기대된다는 의견도 있었습니다.

이런 시장 상황에서 현장에서 추천하는 전략을 보면 일단 문정동 지식산업센터는 추가적인 공급이 제한된 상황에서 수요는 계속 증가할 것으로 예상되므로 **가격이 많이 오른 지식산업센터보다는 상대적으로 덜 오른 지식산업센터를 공략하는 것이 더 효과적이라고 합니다.** 그 구체적인 방법으로 인기가 많은 앞 라인보다는 뒷 라인에서 입주 가능한 전용면적 27~30평 정도의 저렴한 매물을 찾아 임대를 놓습니다. 그리고 대출 후 임대를 놓거나 월세를 받아 대출 이자를 납부하다가 적절한 순간에 매도하는 것을 추천합니다. 1차 매도 타이밍은 수서역세권지구와 복정역세권지구가 분양하기 전에 입주하는 것이 가장 좋고, 2차 매도 타이밍은 역시 임차인 만기일이 되겠죠.

성수동(임장 조사 날짜: 2021년 3월 19일)

출처: 성수동 지식산업센터

두 번째로 검토할 지식산업센터의 지역은 **성수동**입니다. 그 전에 앞서 문정동 지식산업센터가 대표적인 차익형 투자처라고 말씀드린 것 기억하시나요? 성수동도 이와 비슷한 목적의 지역인데요. 그 이유는 시세가 큰 폭으로 상승했다는 겁니다. **쏟아지는 주택 규제 정책으**

로 인해 대부분의 차익형 부동산 투자처가 어려워지자 지속적인 임대 수익을 받는 지식산업센터조차도 투자자들이 기하급수적으로 증가하다 보니 차익형 투자 상품으로 변화한 것입니다.

시세가 올라갈 수 밖에 없는 이유가 있습니다. 지식산업센터는 개발할 수 있는 입지가 한정적입니다. 큰 부지여야 하고 지가가 저렴한 곳이어야 합니다. 그런데 최근 이런 입지들의 지가가 크게 상승하다 보니 추가적으로 지식산업센터로 개발될 부지가 급격히 줄게 됩니다.

강조하지만 차익형 지식산업센터의 핵심은 지가 상승입니다. 지가가 상승하면서 신규 지식산업센터 설립이 축소됨과 동시에 신규 지식산업센터의 분양가가 상승했고, 기존 지식산업센터도 덩달아 시세가 상승했던 것이죠. 물론 시세가 상승하다 보니 수익률이 하락해서 수익형 모델을 유지하기 어렵다는 점도 있지만, 차익형 모델로 전환하면서 새로운 기회를 모색하는 상황입니다.

그렇다고 **모든 지식산업센터가 시세차익을 노릴 수 있는 것은 아닙니다.** 지가가 높지 않은 지역은 아직 수익형 모델로 운영되는 곳이 제법 많죠. 사람들이 시세차익을 기대하는 지역은 지가가 높은 성수동, 문정동, 영등포에 위치한 지식산업센터 등이 대부분입니다.

사실 성수동 지식산업센터도 처음부터 차익형 투자처였던 것은 아닙니다. 2018년부터 시작해 2019년까지 7개 단지의 입주를 마쳤을 때만 해도 다른 지식산업센터와 비슷한 수익형 모델이었지만, 2020년부터 투자자들이 대거 유입되면서 차익형 모델로 주목받기 시작했습니다. 현장의 중개업자와 이야기한 결과, 2019년까지는 투자자와 실수요자의 비율이 반반이었다가 2020년부터는 투자자가 약 70~80%, 나머지가 실수요자였다고 합니다.

이런 매수 목적의 변화 때문에, 2020년의 시세와 비교했을 때 2021년의 시세가 큰 폭으로 상승했다는 겁니다. 상승을 꽤 많이 했는데도 여전히 현장에서는 추가 상승에 대한 기대감이 매우 강하다고 합니다. 그 근거는 성수동의 지식산업센터 입지보다 역에서 더 먼 중형 규모의 신규 지식산업센터 분양가가 성수동 지식산업센터의 시세를 넘어섰다는 것입니다. 결국, 입지적으로 더 우세인 성수동 내 대장 지식산업센터 단지들은 시세가 더 올라갈 수밖에 없지 않냐는 기대감이 있습니다.

─ 지식산업센터 투자 시 반드시 체크해야 할 포인트

하지만 고려해야 할 포인트가 있습니다. 우선 **시세가 안정적으로 상승하려면 거래량이 함께 증가해야 하는데 현재 기존 지식산업센터의 매물을 구하기가 어렵습니다. 아예 매물이 없습니다.** 앞서 지식산업센터는 그 수가 제한적이라고 말씀드렸는데, 신규 공급도 어렵지만 기존 매물을 구하는 것도 어려운 상황이라는 겁니다.

두 번째로 고려할 포인트는 호가는 상승했으나 단기간 몇몇 거래일 뿐이라 **대출을 실행할 금융기관의 감정평가가 상승 폭을 아직 반영하지 못하고 있다**는 점입니다. 투자 상품으로 지식산업센터를 가장 선호하는 이유 중 하나는 대출 비율입니다. 아파트 같은 주거 시설은 대출 규모가 적고 그마저도 대출 실행이 안 되는 경우가 꽤 많은데, 지식산업센터의 대출은 규제가 거의 없고 매매가의 80%까지는 나왔으나, 현재는 이보다 적은 60~70% 선의 대출이 가능한 상태라고 합니다.

현장에서는 현재의 지식산업센터 매물의 품귀 현상 대안으로 다음 두 가지 방안을 추천하고 있습니다. 일단 첫 번째는 **신규 분양**입니다. 이 신규 분양의 구조를 보면 맨 처음에는 시행사에서 분양을 주관하다가 이후 분양대행사로 넘어가고, 그래도 미분양이 발생하면 분양팀이 동원되는 구조죠. 분양 환경이 어려울 때는 마지막 단계까지 가서 겨우 분양을 마치지만, 지금처럼 상황이 좋을 때는 시행사와 분양대행사 선에서 끝납니다. 그러므로 분양을 위해서는 시행사에서 바로 분양받는 것이 제일 좋고 분양대행사는 차선입니다. 하지만 이 사전 분양은 공개적으로 진행되지 않기 때문에 개발 계획이 뜨면 반드시 미리 움직여서 남들보다 먼저 알아보는 것이 중요합니다.

성수동 지식산업센터 지도

출처: 네이버 부동산

두 번째 대안은 **분양권 전매**입니다. 2019년처럼 7개 단지가 한 번에 입주하던 시점에는 가능했으나, 대규모 공급이 완료되고 소규모로 분양되는 지금은 오히려 입주 시점이 다가올수록 프리미엄이 높아지는 상황이 벌어지고 있습니다.

이처럼 지식산업센터의 매물을 확보하는 대안 전략은 쉽지 않은 상황입니다. 지식산업센터에 관심이 많은 투자자라면 **기존 지식산업센터의 매물을 꾸준히 검색**해야 할 것이고, **분양의 경우는 시행사에 직접 연락해 보는 것도** 좋습니다.

영등포구(임장 조사 날짜: 2021년 3월 22일)

마지막으로 알아볼 지식산업센터의 지역은 영등포구입니다. 성수동이 강남에서 가까운 지식산업센터라면 영등포는 여의도에서 가장 가까운 배후지입니다. 그래서인지 영등포 지식산업센터의 분위기는 성수동과 매우 유사합니다. 동일하게 신규 분양지가 비싸게 분양되면서 기존 지식산업센터의 시세가 올라갔고, 매물은 구하기 어려워졌습니다. 성수동과 다른 점은 일단 시세가 조금 낮고 성수동만큼 호가가 급상승하지 않아 대출을 받을 수 있는 금액이 조금 더 많다는 것이죠.

성수동과 마찬가지로 일단 고분양가로 신규 분양이 예정되어 기존 지식산업센터의 매물을 구하기 어렵고 몇몇 단지는 성수동과 유사한 평당 2,000만 원 선에 분양될 거란 기대감도 있습니다. 분위기가 이렇다 보니, 기존의 랜드마크 지식산업센터의 매물을 구하기가 어려워 대안을 추천하는 분위기입니다.

영등포의 경우도 역시 성수동과 마찬가지로 첫 번째 대안은 신규 분양입니다. 분양 구조는 시행사 이후 분양대행사, 마지막으로 분양팀 순인데 분양이 지금처럼 상황이 좋을 때는 대부분 시행사와 분양대행사 선에서 마무리되는 경우가 많죠. 그래서 영등포 신규 분양 현장에서는 입주의향서도 따로 받지 않기로 했답니다. 두 기대주 지역

영등포 반도아이비밸리 조감도

중 하나인 반도아이비밸리는 시행사에서 분양대행사로 사전의향서를 받지 말라는 지시를 내렸다는 이야기가 들리고, 나머지 기대주인 이화 역시 받지 않을 계획이라고 합니다. 이러다 보니 일반 투자자들은 좀처럼 분양의 기회를 얻기 힘든 상황이죠.

두 번째 대안도 역시 성수동과 같은 분양권입니다. 얼마 전 리드원이 분양권 프리미엄으로 평당 1,400만 원에 200만 원 정도를 더 받아 거래되자, 차후 영등포 지식산업센터의 대장으로 등극할 '생각공장'도 평당 1,600만 원에 200만 원 정도를 붙여 받으려 했다고 합니다.

그런데도 사람들이 몰리는 이유는 무엇일까요? 투자자들은 일단 **기존 랜드마크들의 갭 메우기를 기대하고 있습니다.** 만약 기대주인 이화가 평당 2,000만 원, 반도아이비밸리가 평당 1,900만 원에 분양에 성공한다면 기존 랜드마크 매물들의 시세가 상승할 여지가 있지 않을까 하는 것이죠. 그렇게 흘러갈지는 좀 더 지켜봐야겠습니다.

지식산업센터는 현재 가장 인기 있는 부동산 투자 상품입니다. 현재 인기 지역들의 매물을 구할 수 없는 상황입니다. 이번에 소개한 3개 지역(문정동, 성수동, 영등포구)은 물론 경기도 지역들도 크게 다르지 않은 상황입니다. 사정이 이렇다 보니 지식산업센터 매물이라고 하면 묻지마 매수, 묻지마 투자의 상황까지 이어지고 있습니다.

핫한 시장일수록 기본에 더 충실해야 합니다. 지식산업센터의 기본은 업무시설입니다. 공장이든 오피스든 그 공간을 채울 임차 기업을 구해야 합니다. 그것이 가장 우선순위입니다. 시세차익만 보고 그 공간에 입주할 기업도 없는 지식산업센터를 매수하는 행위는 포카패를 보지 않고 돈을 베팅하는 것과 같다고 생각합니다.

영원히 시세가 오르는 부동산은 없습니다. 입주 기업의 수요를 반드시 따져봐야 하고, 그 기업들이 그 지식산업센터를 선택할 때 입지경쟁력, 가격 경쟁력, 상품 경쟁력을 모두 따진다는 것을 절대 잊어서는 안 됩니다.

마지막으로 지식산업센터의 물량이 주변에 너무 많지 않은지도 반드시 확인해보기 바랍니다. 지금까지는 입주 기업 수요가 있는데 **공급량이 많아지면** 오피스텔처럼 **임대료를 낮추어야 할지도 모르기 때문입니다. 수익형 부동산으로 시작된 투자 상품은 반드시 수익형 부동산으로서도 메리트가 있는지 확인해야 합니다.**

평생 같은 수익률을 유지할 수 없습니다. 향후 수익률 추이를 반드시 추적해서 관리해야 하고요. 시세 상승이든 수익률 저하든 지속적으로 부정적 시그널이 발생하기 전에 매도하고 늘 전략을 준비해야 합니다.

꼬마빌딩

Chapter 2

킬링 포인트 평생 안정적인 월세 수익률을 보장하는 꼬마빌딩은 없습니다. 결국, 매수하는 것이 중요한 것이 아니라 언제, 어떻게 매도할 것인가가 핵심입니다.

2010년대 중반 청소년들의 장래희망에는 '건물주'라는 직업이 상위권에 포진해 있었습니다. 물론, 명확하게 건물주는 직업은 아니고 건물의 소유자를 나타내는 단어죠. 이런 통계의 이면에는 청소년들조차 돈을 벌기 위해 들어가는 노동량이 적은 건물주를 꿈꾸는 사회상을 보여준다고 할 수 있죠.

그렇다면 궁금증이 하나 생깁니다. **정말 건물주는 노동을 많이 하지 않아도 돈을 벌 수 있을까요?** 그리고 건물주는 정말 다 부자일까요? 일단 건물주가 정말 평생 놀면서 먹고살 만한 불로소득에 가까운 수입을 얻고 있는지 알아보겠습니다.

현실부터 말하자면 세간의 인식과는 달리 건물주가 가만히 있기만 해도 돈이 저절로 굴러들어 오는 것은 아닙니다. 물론 건물의 관리를 도와줄 관리인이 있으면 일은 확 줄어들겠죠. 하지만 관리인이 무상으로 일을 해줄 리는 없으니 당연히 매달 월급 용도의 비용이 빠져나가겠죠. 그럼 건물주가 직접 관리를 하면 되지 않느냐고 묻는다면 이것도 쉬운 일은 아니라고 말하고 싶습니다. 일단 시설물 수리와 관련 법령에 관해 꿰고 있어야 합니다. 게다가 매년 진행하는 소방점검 보고, 안전관리 보고 등을 행정기관에 진행해야 하고, 매번 설비업체를 통해 건물을 유지·보수해야 하죠.

그렇다고 **과연 모든 건물주가 부자일까요?** 세간에 보면 여러 매체를 통해 임차인들에게 갑질하는 건물주의 모습을 다룬 자료들이 많죠. 하지만 요즘에는 워낙 기본적인 법률 지식 수준이 올라갔고, 세입자에게 유리한 보호 제도가 많이 생겨 옛말에 가깝습니다. 게다가 분쟁이 생겨 공실률이 발생하면 그만큼 수입이 적어지고 은행에서 받은 대출 빚을 갚기도 벅찬 상황이 올 수도 있죠.

그럼 반대로 건물주는 돈도 못 버는 직업일까요? 절대 그렇지 않습니다. 여기서 중요한 점은 **건물의 위치와 규모입니다.** 아무리 좋은 건물이어도 사람들이 지나치지 않는 지역이라면 그 가치는 낮아질 수밖에 없죠. 조금 비약을 섞으면 중소도시에 아파트 몇 채를 보유한

강남대로의 전경

고층 빌딩들이 늘어서 있다

사람이라도 서울에 이사하려면 그 아파트들을 다 팔고 자금을 더 끌어와야 할 정도로 입지가 갖는 힘은 큽니다. 빌딩도 마찬가지로 어느 지역을 어떤 가격에 매수하느냐에 따라 수익과 향후 가치의 차원이 달라집니다. 물론 공실이 나지 않도록 세입자와 원활하게 협의를 보는 것도 중요하고요.

이처럼 몇 가지 요인들만 살펴봐도 단순히 건물주가 된다고 해서 돈을 노동 없이 벌 수 있는 것이 아님을 확인할 수 있습니다. 결국, 부동산 상품 중에서도 최상위의 특별한 투자 상품에 해당하는 빌딩 투자는 가격대의 차원이 다른 만큼 더 신중하고 디테일하게 사업성을 검토한 후에 거래해야 합니다.

최근에는 규모가 작은 빌딩을 꼬마빌딩이라고 부릅니다. 접근하는 투자자가 절대적으로 많아졌고, 관련 정보도 쉽게 찾을 수 있는 세상이 되었습니다.

그렇다면 일정 층 이상의 일반적인 빌딩은 개인 투자의 영역이 아니므로, 일반 투자자들의 접근이 가능한 꼬마빌딩만을 이 책에서 다루어 보도록 하겠습니다.

꼬마빌딩은 상가이면서 오피스이고 주거 시설인 원룸까지 포함한 복합상품이라 이해나 접근이 쉽지 않습니다. 그래서 꼬마빌딩의 현 상황을 이야기할 때면 주로 익숙한 아파트 투자에 빗대어 설명하는 경우가 많죠. 본질은 아파트 투자와 비슷하기 때문입니다. 먼저 흔히 강남 3구의 '마·용·성'이라 부르는 한강 변의 상급 입지와 신축을 선호하며, 선호하는 층과 동이 있습니다. 또한, **단독이나 다가구주택보다 상가주택을 선호하고, 가장 선호하는 구조가 주택이 끼어 있지 않은 이른바 '올근생'이라 부르는 구조인 것도 동일하죠.**

너무 고민할 게 많아 보이나요? 복잡하지만 차익형 투자를 노리는 사람이라면 좀 더 간단하게 접근할 수도 있습니다. 이른바 '**① 적절한 가격에 잘 사서, ② 크게 올랐을 때 ③ 잘 팔자.**' 이 세 가지 단계만 잘 치뤄내면 됩니다.

우선 잘 사기 위해서는 본인의 가용자금을 확인해야 합니다. 지금까지는 담보대출, 사업자대출, 신용대출 등 대출이 많게는 호가의 80%까지 확보할 수 있으니 실제 투자 금액이 비교적 적었습니다. 하지만 2021년 7월부터는 담보인정비율(LTV)이 비거주 부동산에도 도입되어 부동산담보대출로 끌어들일 수 있는 금액이 줄어들었습니다. 심지어 토지거래허가구역 내 비주거용 부동산은 담보인정비율이 40% 수준으로 묶일 예정이라고 합니다. 이를 고려해서 자신이 현재 가용 가능한 자금을 확실하게 파악해 두어야 합니다.

이렇게 동원 가능한 경제력를 감안한 뒤 지역을 택해야 합니다. 거래가 많은 지역부터 찾아보는 것이 좋겠죠. 가장 거래가 많이 이뤄진 곳은 강남 1급지인 7호선 도산대로와 강남대로 인근의 논현동, 신사동의 올근생 같은 매물들이었습니다. 하지만 사람들의 이목이 집중된 만큼 가격도 만만치 않죠.

이때부터 차선책 입지를 찾아야 하는데, 대안으로 강남 2급지인 테헤란로 남쪽의 역삼동과 개포동의 상가주택이 있겠죠. 또 다른 대안으로는 마·용·성의 연남동이나 성수동의 올근생 매물이 있겠죠. 이왕 비싼 매물을 살 거면 삼성동이나 청담동 같은 지역을 사는 게 좋지 않겠냐고 물을 수도 있지만, 대치동까지 해서 세 지역은 현재 토지거래허가구역으로 묶이며 거래가 매우 제한적입니다. 물론 입주

의무도 있죠. 거래량을 좀 더 자세히 보면 역시 강남권의 거래가 압도적으로 많습니다. 오를 때는 강남이라 시세 상승도 매우 크고 조정장일 때도 환금성이 우수한 데다가 유행에 흔들리지 않기 때문이죠.

강남 1급지는 필요 자금이 만만치 않으니 다른 지역들을 먼저 보면 **역삼동**이나 **개포동**은 주로 대지면적 60~70평인 상가주택이 많습니다. 주거 시설이 포함된 만큼 대출 제한과 취득세 중과가 자연스럽게 따라옵니다.

연남동은 대부분의 대지가 30~40평대로 강남권보다는 작아 좀 더 저렴한 가격에 매수할 수 있다는 장점이 있습니다. 하지만 오피스 원룸은 다른 대안이 많고 코로나 상황 때문에 자영업 상가가 힘들었던 사정들을 보면 좀 더 심사숙고해야 할 듯합니다.

성수동은 주로 법인사옥으로 매수하거나 임대하는 사람이 많은 지역입니다. 앞서 지식산업센터가 들어선 지역이기도 하고, 준공업지역이라 그간 리모델링보다는 기존 건물을 허물고 새로 지은 신축 꼬마빌딩이 많은 지역입니다. 성수전략정비구역의 개발 호재가 있었지만, 최근 갑작스럽게 호가가 너무 뛰어 강남 1급지의 3면 빌딩과 비슷해졌기에 추격매수를 고민해 봐야 합니다(임장 조사 날짜: 2021년 3월 19일).

강남권 외에는 주로 이 지역에서 꼬마빌딩이 거래됩니다. 물론 용산도 존재하지만, 원룸 오피스 수요를 주상복합단지에 빼앗겨 임차인을 구하기 어렵습니다. 조금 더 들어가 각 지역의 어떤 꼬마빌딩을 사야 하는지를 조금 알아보면, 일단 입주자가 중요합니다. 용산처럼 이미 근처에 다른 부동산 상품으로 인해 입주자를 구하기 어려운 경우는 배제해야 하고, 가장 좋은 것은 프랜차이즈 기업이 입주하는 경우입니다. 프랜차이즈 기업들은 자금성이 우수하고 한 공간에 오래 머무는 경우가 많아 공실이 많이 발생하지 않기 때문입니다. 그 외에도 빌딩을 둘러싼 근처 조망권을 고려해야 합니다. 만약 대로변 근처에 빌딩이 없이 낮은 건물만 있다면 가장 좋고, 다음은 2면이 건물에 둘러싸인 꼬마빌딩, 그리고 3면, 4면 순이죠. 물론 이 경우는 평당 가격의 차이가 제법 나니 자금 사정을 우선 고려해야 합니다.

두 번째 항목인 **크게 오르는 꼬마빌딩은 어떻게 찾아야 할까요?** 우선 꼬마빌딩의 시세 상승 요인을 알아보면, 시세가 오르는 가장 큰 요인은 바로 지가 상승입니다. 하지만 이는 지역 전체의 개발, 외부 대형 호재 등으로 개인이 노력한다고 쉽게 바꿀 수 있는 차원의 문제가 아니죠. 그렇기에 꼬마빌딩 건물주들이 할 수 있는 **가치 밸류업**은 리모델링이나 신축을 통해 단기간에 건물 가치를 올리는 것입니다. 이를 신축화라고 부르죠.

신축화는 보통 철거 후에 새로 건물을 짓는 방법과 리모델링 두 가지로 나뉩니다. 보통 일반 투자자들은 리모델링을 선호하죠. 손이 덜 가고, 공사 기간이 짧으며, 들어가는 비용도 적기 때문이죠. 일반적으로 리모델링은 공사 기간이 3개월 정도이며, 비용도 신축의 절반 수준이죠. 신축의 경우 최소 6개월 이상의 공사 기간이 필요하며, 관련해서 건축물 신고 등 고려할 사항이 많죠.

이렇게 **신축화를 거쳐 건물의 가치를 올리면 잘 파는 것이 중요합니다.** 의외로 꼬마빌딩을 사놓고 신축화까지 거쳤으나 팔지 못해 고생하는 분들이 제법 있습니다. 주로 서울 외곽과 수도권 부근의 건물이죠. 그렇기에 처음부터 잘 팔릴 만한 곳을 매수하는 것이 중요합니다. 매매가 수준이 너무 비싼 매물도 팔기 어렵죠. 아무리 리모델링을 진행한다고 해도 말입니다.

결국에는 첫 단추를 잘 끼워야 하는 셈입니다. 만약 좀 더 긴 시간을 가지고 접근한다면 임차인을 잘 구하는 것도 중요합니다. 이때 단순히 임대 수익률만 보는 것은 좋지 않습니다. 임대료가 적더라도 밀리지 않고 지불할 능력이 되는 임차인을 구하는 것이 중요합니다. 상가 건물이라면 유행을 타지 않고 오랫동안 유지하는 업종에 종사하는 임차인을 구하는 것이 좋겠죠.

여기까지만 보면 꼬마빌딩이란 상품이 그리 복잡하지 않아 보이기도 합니다. 잘 사서 보수해서 잘 팔면 그만이라 생각할 수도 있죠. 하지만 내면을 자세히 들여다보면 꼬마빌딩만의 특성 때문에 빌딩 전문 중개사의 역할이 커집니다. 꼬마빌딩은 거래 규모가 크기 때문에 거래량이 그리 많지 않습니다. 이 말은 곧 일반 투자자들은 경험이 부족하다는 것과도 같죠. 대체로 꼬마빌딩은 평생에 한번 거래하기도 쉽지 않습니다. **미지의 영역인 만큼 중개 경험이 많은 중개사들의 도움이 필요합니다.**

빌딩 전문 중개사의 역할은 다음과 같습니다. 일단 첫 단추를 끼울 때부터 개인에게 적합하며 가용 자금에 맞는 입지의 매물을 추천해줍니다. 이후 대출, 용도 전환 등 법과 관련된 업무도 같이 처리해주는 곳도 많죠. 세금이나 신축화 과정에서도 충분한 도움을 받을 수 있습니다. 주로 이런 전문적인 영역을 다루는 만큼 빌딩 전문 중개사들은 대체로 소규모 중개사무소의 형태보다는 조직화된 중개법인의 성격을 많이 띕니다. 게다가 매물이 적어 시장이 폐쇄적이라 개인으로 움직일 경우 매물을 찾는 것이 거의 불가능에 가깝습니다. 그래서 시스템을 이용해야 하고 좋은 중개법인 파트너를 찾아야 합니다. 매수, 매도, 밸류업 등 모든 단계에서 도움을 받을 수 있으니 가장 중요한 일이 될 수 있습니다.

지금까지 꼬마빌딩의 기본적인 특징에 대해 알아봤는데요. 이번에는 조금 재미있는 특수 상품을 알아보려 합니다. 바로 **대학로의 꼬마빌딩**입니다. 두 가지 측면에서 접근해봤습니다. 일단 코로나로 인해 대학가 주변 상권에서 공실이 많이 발생했습니다. 혹시 저렴하게 시장에 나온 매물이 있을지도 모른다는 생각과 대학로도 강남처럼 오를 여지가 없을까라는 궁금증에서 시작되었죠. 대학로는 경리단길처럼 유행 따라 움직이는 상권이 아니고, 대학로만의 특색인 소극장이 많아 지속적인 수요의 가능성을 고려한 것이죠.

일단 현장에 나갔을 때, 대학로도 코로나로 인한 여파에 매우 고전하고 있었습니다. 그중에서도 상가 위주로 지어진 꼬마빌딩이 고전을 면치 못했습니다. 대학로 인근에는 주로 상가 위주의 꼬마빌딩이 많아 전반적으로 힘들어하는 모습을 띠었습니다. 그래서인지 공실이 꽤 많았습니다. 특히, 대형 건물의 2~3층에 공실이 많이 보였습니다. 이 자리는 주로 화장품 회사나 통신사처럼 대기업의 지점들이 입점하던 자리였으나, 전반적인 매출 감소로 오프라인 매장을 철수하는 움직임을 취한 터라 공실이 많이 발생했다고 합니다. 반면 영세 개인사업자들의 지역은 공실이 적었습니다. 대부분 인테리어나 권리금 때문에 철수하지 못하고 있는 분들이 많아 많이 안타까웠습니다.

다시 꼬마빌딩 이야기로 돌아가면, 공실이 많은 것과는 반대로 저렴하게 시장에 나온 매물은 없었습니다. 소형 건물들은 개인사업자 임차인들이 버티면서 건물주도 함께 버티는 모양이라 급매물은 나오지 않고 있으며, 대형 건물 같은 경우 기업 임차인이 철수했으나 건물주가 공실이어도 버틸 수 있는 큰손들이라 굳이 싸게 팔거나 임대료를 낮추지 않겠다고 합니다.

그렇다면 두 번째 포인트로 들어가 보겠습니다. 최근 5년간 거래 실적을 보면 2016~2018년까지는 거래가 뜸했으나, 2019년부터 대형 건물의 거래량이 늘어나더니, 2020년에는 건물의 규모를 가리지 않고 활발하게 거래되고 있답니다. 현재도 일정 금액 이하의 매물에 대한 문의는 끊이질 않는다는 것이 현장의 목소리죠. 이렇게 거래가 활발해지면서 시세는 소폭 상승했지만, 아직 강남처럼 폭등할 수준은 아닙니다.

이에 대한 현장의 해석은 두 가지로 나뉘었습니다. **첫 번째는 코로나 여파로 인해 시세가 덜 올랐다는 의견입니다.** 그들의 주장은 꼬마빌딩은 주로 상가, 오피스, 원룸 세 가지 유형인데, 그간 코로나로 상가형 건물이 가장 고전했으니 이 위기가 끝나면 상권이 회복되면서 대학로의 꼬마빌딩 시세가 강남을 쫓아갈 것이라고 말합니다.

두 번째는 대학로 꼬마빌딩은 강남의 꼬마빌딩과는 성격이 다르다고 말합니다. 상권의 특성상 **대학로는 수익형 꼬마빌딩 모델에 가까우며 강남처럼 차익형 수익 모델과는 거리가 멀기에** 지금껏 그랬듯이 천천히, 꾸준히 오를 것이라는 게 그들의 주장이죠. 물론 어떤 전망이 실현될지는 아직 알 수 없습니다. 시간이 승자를 결정해 주겠지요.

임장 조사 날짜: 2021년 6월 10일

마지막으로 지금까지 언급해왔던 꼬마빌딩 투자의 핵심을 다시 짚어가며 명동 상권을 확인해볼까요? 그간 꼬마빌딩을 다룰 때는 주로 상가와 오피스텔 그리고 원룸이 합쳐진 상품이라고 강조했지만, 명동은 대부분 상가이며 오피스텔이 조금 추가된 정도입니다. **명동은 대한민국 제1 상권으로 최고의 매출과 더불어 홍보 효과를 지닌 안테나숍**(antenna shop)**의 역할도 도맡아왔죠.** 또한, 명동은 한류의 중심지로, 화장품 같은 상품으로 중국을 비롯한 외국 관광객들을 대거 유치하면서 3~4년 전까지도 전성기를 누리던 지역이었습니다.

하지만 반대로 **코로나 여파를 가장 크게 맞은 지역이기도 하죠.** 과거 메르스 같은 질병이나 사드 같은 정치적 영향으로 인한 침체는 반년 만에 회복되었다지만, 이번 코로나로 인한 여파는 벌써 1년하고도 반년이 훌쩍 지났음에도 아직도 그 끝이 보이지 않습니다. 그래서 한때 명동의 공실률이 역대 최고치라는 기사가 보도되었고, 그 수치를 갱신해 현재는 40%가 넘는다고 합니다. 그래서 현장을 가면 폐점과 휴점 매장이 넘쳐납니다.

출처: 부동산플래닛

하지만 항상 위기는 기회이기에 명동에 입성하고자 하는 투자자들은 혹여 급매물이 없을까 하는 기대로 계속해서 매물을 찾는다고 합니다. 명동은 상권 구분이 확실한 지역입니다. 북쪽은 오피스 상권이고 남쪽은 관광 상권이죠. 코로나 여파로 인해 가장 피해를 본 지역은 남측의 관광 상권이며, 북측의 오피스 상권은 아직도 건재합니다.

임장 조사 날짜: 2021년 6월 10일

현재 명동 상권의 가장 큰 관심사는 백신 접종일 겁니다. 백신 접종이 본격화되면서 회복의 기대감이 있다는 이야기를 듣고 명동 현장을 방문하니, 일단 중앙대로에서 조금 떨어진 B급 매물들이 보류되었고, 임차인들의 문의도 시작되었다며 곧 반등이 시작되지 않겠냐는 의견이 있었습니다. 물론, 현재의 화장품이 주를 이루는 매장 구조로는 중국을 위시한 관광객들이 다시 찾아와야 회복이 가능할 것으로 보여 아직은 두고볼 필요가 있습니다.

제아무리 명동이라 한들 괜찮은 매물이 있어야겠죠. 명동은 사실 개인투자자들에게는 너무나도 먼 동네로 보이기도 합니다. 실제 매수자 다수가 50~100억 원으로 B급 이상의 매물을 찾는다고 합니다. 하지만 개인투자자들이 접근 가능한 대지 15평형 매물이 인근보다 20% 낮은 가격에 급매로 계약된 것을 보면 반드시 그런 것은 아닌 듯합니다. **문제는 공실인 꼬마빌딩의 대출이랍니다.** 언제 임차인이 들어올지 모르는 상황에서 이 문제는 더욱 심각해지죠. 그만큼 정확한 진단이 필요한 상황일 텐데요. 앞서 꼬마빌딩을 검토했을 때와 마찬가지로 잘 사서 가치를 높인 후 잘 파는 것이 역시 중요합니다.

명동 유네스코길

임장 조사 날짜: 2021년 6월 10일

　명동은 가장 높은 가치를 지닌 건물들이 즐비한 중앙로가 있고 유네스코길과 충무로길이 그 뒤를 이어 제2 상권 라인을 형성하고 있습니다. 건물주들은 2020년 시작된 코로나 여파로 1년간은 버텼으나, 그럼에도 기약 없는 기다림이 계속되면서 2020년 말부터 매물을 선별적으로 출회하기 시작했습니다. 명동 꼬마빌딩은 철저히 상권이기에 동선에 따라 매매와 임대 시세가 10배 가까이 차이가 나고 그에 맞춰 임의로 A~C 등급으로 구분한다고 합니다. 주로 A급 매물은 앞서 언급한 세 곳의 좋은 상가로 여전히 A급 매물은 품귀 현상이 발생하고 있습니다. B급 매물은 건물주들이 안 팔려던 물건으로 제값에 출회되고 있으며, C급 매물은 공실 매물이 급매로 시장에 나오고 있습니다.

명동 사잇길

임장 조사 날짜: 2021년 6월 10일

C급 매물이 많은 사잇길은 현재 다수가 공실인 탓에 과거 시세보다 많이 낮은 가격으로 급급매물이 출회되기도 합니다. 투자자들은 급급매는 기회로 보는 경향도 있죠. 일단 회복기가 되면 다른 매물들과 함께 오르니 C급 급매물을 매수해 차후 제값에 팔고자 하는 사람들도 있고, 반대로 C급 사잇길은 코로나 전에도 장기 공실이 꽤 있었다며 피하기를 권하는 사람들도 있습니다. 하지만 개인투자자들이 자금적으로 접근할 수 있는 곳이 대부분 30~40억 원 규모인 C급 공실 매물이다 보니 고민하고 계약하는 사람들도 있다고 합니다.

이때 문제는 대출입니다. 꼬마빌딩의 대출은 통상 매매가의 70%까지임에도 현재 공실로 고전 중인 명동의 꼬마빌딩은 한도가 30%

수준이라는 의견도 있으니 매수 전에 이를 잘 확인해야 합니다. 월세를 통해 대출 이자를 받으면 조금 버틸 수 있겠지만, 언제부터 월세를 받을 수 있을지도 모르는 상황이라 RTI(Rent To Interest; 부동산 임대업 이자 상환 비율, 담보가치 외에 임대 수익으로 어느 정도까지 이자 상환이 가능한지 산정하는 지표)를 고려한 금융권에서 대출 한도를 대폭 축소했다는 겁니다.

임대료의 경우는 임대료가 하락하면 곧 건물 가치의 하락으로 이어지기에 소유자들도 절대 조정해주지 않으려 합니다. 그래서 대안인 할인 계약이 통상화되었다고 합니다. 예를 들어, 계약은 기존 수준인 보증금 1억 원, 월세 1,000만 원으로 하고 회복 전까지는 임대료는 600만 원만 받는 식이죠.

명동 아르누보

임장 조사 날짜: 2021년 6월 10일

이마저도 부담스러운 투자자들은 명동 상권에 유일한 구분 상가인 아르누보에서도 기회를 찾습니다. 역시 공실이 있으며, 유동인구가 적은 후면에 공실이 존재합니다. 보통 아르누보는 수익률 4%에 맞춰 출회하는데, 전용면적 25평에 측면에 있는 1층 식당의 경우 매매 35억 원, 계약은 보증금 3억에 월세 1,450만 원 정도이고, 전용면적이 24평인 3층 상가 건물은 매매 7.9억 원, 계약은 보증금 3,000만 원에 월세 257만 원 정도라고 합니다. 코로나 전 기준 임대수익률은 꼬마빌딩은 3%, 구분 상가는 4% 수준이었으나 현재는 임대수익률을 예상하는 것조차 힘든 상황이긴 합니다.

이런 상황에서도 기회를 엿보아 매매를 진행했다면 이제는 가치를 높일 차례입니다. 일각에선 대한민국 제1 상권인데 뭔 가치를 더 높이냐면서 그냥 시장이 회복되기만 기다리는 사람도 있습니다. 물론 맞는 말이지만, C급 입지 소유자들에겐 어찌 보면 지금이 리모델링 시즌으로 새 건물로 임차인을 먼저 들이고 이후 임대료를 더 높이겠다는 사람들도 있죠.

이제 그럼 가치를 높였으면 팔아야 할 텐데요. **사실 명동의 꼬마빌딩은 팔 필요가 없습니다.** 차익형으로 꾸준히 시세가 계속해서 상승해왔고, 항상 매물이 귀해서 한번 나가면 언제 들어올지 기약도 없기 때문이죠. 그나마 메르스나 사드, 이번 코로나 같은 위기 때나 출회가 이뤄집니다.

이렇게 지금까지 서울 주요 지역들을 예로 들어 꼬마빌딩에 관해 알아봤습니다. 꼬마빌딩은 거래 규모도 크고 특수한 상품인 만큼 다른 투자 상품에 대비해서 몇 배로 사업성을 검토하고 접근해야 합니다.

일단 매물 확보가 중요한데 이는 발품, 손품, 인품을 모두 활용할 수 밖에 없습니다. 계속 리서치하고 연락하고 현장에 방문하는 수밖에 없습니다. 하나의 팁을 더 추가하자면 꼬마빌딩이나 상가주택 매물이 부족하다면 경매를 통해 어느 정도 보완할 수 있습니다. 경매의 장점은 입지 분석, 상품 분석을 국가기관이 해준다는 것입니다. 권리관계로 깨끗하게 정리한 상태로 말이죠.

두 번째 밸류업은 **성공적인 밸류업으로 평가받은 꼬마빌딩의 사례를 벤치마킹하는 것**이 좋습니다. 이 역시 손품, 발품, 인품을 모두 활용해야 합니다. 밸류업 과정에서는 밸류업 담당 업체 선정이 무엇보다 중요한데 이 역시 손품, 발품, 인품을 통해 업체를 철저히 검증하고 계약을 진행해야 합니다. 묻지마 업체 선정 후 다시는 부동산 신축이나 리모델링을 안 한다며 스트레스를 받는 많은 사업주들을 봐왔기 때문입니다. 최근에는 감각적으로 일을 처리하는 건축사무소가 많습니다.

마지막으로 **매도 부분**인데요. **이때만큼은 정말 좋은 중개법인을 통해 진행하는 것이 좋습니다.** 중개법인은 객관적으로 평가할 수 있습니다. 고정 고객이 얼마나 있는지를 체크해봐도 알 수 있고요. 그저 유명하다고 해서 선택하는 것이 아니라 내 편에서 충분히 다양한 대안과 상담을 해주는 중개법인을 선택하도록 합니다.

세상에 놀고먹는 건물주는 없습니다. 그렇게 이야기하는 사람이 있다면 그 사람이 오히려 이 시장을 전혀 모르고 그저 비판만을 하는, 묻지마 악플러일 가능성이 높습니다.

토지

마지막으로 살펴볼 부동산 투자 상품은 토지입니다. 그중에서도 **공장촌 토지를 소개하겠습니다.** 일반인들은 지금까지는 이런 투자가 있었나 싶을 테지만, 투자 고수들 사이에서는 부동산 투자 틈새 상품으로 알려진 영역입니다. 공장을 투자 대상으로 고려하는 이유는 **① 일단 시세가 꾸준히 오르는 곳이 많고, ② 일반 주거 시설보다 더 많이 대출받을 수 있으며, ③ 마지막으로 취득세 중과, 종부세 합산, 양도세 중과 등 세금 규제 대상이 아니기 때문입니다.** 그래서 중수 이상 부동산 투자자들이 공장을 찾게 된 것이죠.

포천(임장 조사 날짜: 2021년 5월 19일)

포천 토지

임장(기록)일: 2021년 5월 18일

가장 먼저 알아볼 지역은 **경기도 포천**입니다. 최근 구리와 포천을 잇는 **구리-포천 고속도로가 개통**되면서 IC 인근의 논밭이 대거 공장과 창고로 변했고, 3기 신도시 보상자들의 대체부지 수요로 IC 주변으로 점점 확대되고 있는 곳입니다. 2~3년 후 개통될 예정인 제2수도권순환고속도로와 세종-구리 라인도 단순 논밭에서 공장, 창고부지로 업그레이드될 가능성이 높으니 포천의 사례로 토지 투자 공부를 미리 해두는 것도 좋을 듯합니다.

한 토지 투자의 고수분이 제게 이렇게 말씀하셨습니다. "포천의 토지와 공장, 창고부지 매수는 왕숙 신도시 보상이 지연되는 지금이 타이밍으로 보입니다. 올해 하반기든 내년이든 보상이 재개되면, 지가 상승 추세에 속도가 붙을 테니까요."

이 두 문장에는 몇 가지의 가치 분석 내용이 포함되어 있습니다. 이 말씀을 듣는 순간 그분이 그저 대단하다는 생각밖에 들지 않았습니다. 토지 투자의 타이밍과 고려해야 할 포인트에 대해 너무나도 명쾌하게 정답을 말씀해 주셨기 때문입니다.

이 분의 제안이 무엇이었는지 포천 공장촌의 사례로 시장을 분석해보겠습니다.

토지는 가장 중요한 것이 잘 사야 합니다. 매수한 가격보다 상승할 수 있는 토지를 잘 선택하여 매수해야 하는 것이죠. **입지 선정 및 적정 가격 도출**이 무엇보다 중요합니다.

먼저 잘 사기 위해서는 **시세를 정확히 평가**해야 하는데, 개별성이 강한 토지는 그 시세 기준을 잡는 것이 참 어렵습니다. 토지 시세의 기준을 잡기 위한 다양한 방법들이 있는데 통상적으로 용도 지역에 접도를 적용하여 개략적인 시세를 추정하는 방법을 가장 많이 활용합니다.

입지 요인부터 보겠습니다. 포천은 구리-포천 고속도로 IC를 기준으로 개략적인 시세가 형성되는데, 토지 보상 지연으로 대체부지 매수세가 포천 IC에서 신북 IC 사이에서 멈췄기 때문에, 매수세가 재개되면 포천 IC에서 신북 IC 사이부터 시작해 신북 IC로 넘어갈 것으로 토지 투자자들이 예측하고 있었습니다. 용도 지역은 포천의 시세 수준에서 계획 관리를 100%라 했을 때, 생산 관리 70%, 보전 관리 70%, 농림 50% 수준으로 평가한다고 합니다.

잘 사기 위한 두 번째 조건으로 고려해야 하는 요인은 **매수 경쟁**입니다. 2020년부터 주요 토지 투자 희망층들은 남양주 왕숙과 하남 교산의 실수요자들로, 경기도 광주를 먼저 검토하고 투자하기에는 비싸다고 판단한 후 포천으로 건너온다고 합니다. 이때 **매수자 비율을 파악해 보면 실수요자가 70%, 투자자가 30% 정도**라고 합니다. 일단 실수요자들은 공장과 창고를 운영하던 사람들이 IC와 인접한 지역에서 물류창고용 공장을 찾는다고 합니다. 반대로 투자자들은 수도권 투자자 비중이 높고 임대 물량이 30%뿐이라 수월한 임대차를 노리고 접근하는 것이죠.

하지만 3기 신도시 하남 교산과 남양주 왕숙의 보상이 LH 직원 사전 투기 사태로 지연되면서 여유자금이 있는 매수자들은 계약을 진행할 수 있었으나, 보상금으로 대체부지를 매수하려던 사람들은 잠시 계약을 멈출 수밖에 없었다고 합니다. 다시 보상이 재개되면 계약도 진행되겠지요. 이렇게 **토지 보상 시간이 연장되면 매수자가 증가하게 되고 거래할 수 있는 토지는 한정되어 있다 보니 자연스럽게 매도자 우위 시장이 형성되겠죠.** 또한, 이렇게 되면 매도자들은 이후 신도시 보상이 본격화되었을 때까지 기다려 더 비싸게 팔고자 하겠지요. 이렇게 거래 가능한 매물도 적고 정보 공유도 활발하지 않은 조건에서 매물 확보를 위해서는 남들보다 더 먼저, 더 많이 발품을 파는 것이 필수입니다.

또한, 토지 가치를 상승시키기 위해서는 개발 호재가 있어야 합니다. 2023년에 개통되는 수도권 제2순환고속도로가 호재로 작용하며, 포천에는 고모 IC가 추가된다고 합니다. 구리-포천 고속도로에 이은 재도약의 발판이 될 수 있겠지요. 이러한 대형 호재들은 개인이 할 수 없는 영역입니다. 정보에 귀를 기울이고 선점하는 수밖에 없겠지요. 물론 확정된 호재여야 합니다. '카더라 통신' 호재는 늘 경계해야 합니다.

개인 단위로 **토지 가치를 상승시키는 방법으로는 공장과 창고의 신축이 있습니다.** 신축 공장과 창고는 건축비를 제외하고도 수익률을 최소 10% 이상으로 더 확보할 수 있어 현장에서는 싼 토지를 매수하여 신축하는 방법을 많이 추천합니다. 하지만 신축이라는 과정을 추가하는 것이 쉽지 않습니다. 당연한 일이겠지요.

다행히 **포천은 신축이 활발한 성장기라 이미 성숙기에 접어든 인천보다 밸류업 시스템이 잘 갖춰져 있다고 합니다.** 중개사무소, 토지 설계사, 건축 설계사, 시공사, 대출 기관 등이 팀을 이뤄 활동한다고 하죠. 그런 현장 상황 덕분에 토지와 시공비 총액을 기준으로 약 65%에서 70%까지 추가 대출도 가능하다고 합니다.

투자자는 계획관리지역으로					
용도지역	분류	주요사항	시세	건폐율	용적률
도시지역	주거, 상업, 공업, 녹지				
관리지역	계획관리지역	2종 근린생활시설 가능	100%	40%	100%
	생산관리지역	농업관련 공장, 창고만 가능	70%	20%	80%
	보전관리지역	상동	60%	상동	상동
농림지역	농림지역	상동	50%	상동	상동
자연환경 보전지역					

임장(기록)일: 2021년 5월 18일

마지막으로 잘 팔기 위해서는 **회전율이 높은 토지를 매수해야 합니다.** 회전율이 높은 토지의 조건은 첫 번째는 계획관리지역, 두 번째는 IC에서 2km 이내, 세 번째는 20~40ft 컨테이너 차량이 진입할 수 있는지의 여부, 마지막으로 인근에 축사를 비롯한 오염시설이나 지원시설이 없는 것입니다.

조건별로 부연 설명을 하면 **일단 투자자라면 수요층이 넓은 계획관리지역을 택하는 것이 좋습니다.** 만약 실수요자라면 굳이 비싼 계획관리지역 대신 목적에 맞게 다른 지역을 선택하는 것이 좋아 보입니다. 도로 상태는 최대한 양호한 지역이 좋으며, 7분 거리까지는 괜찮으나 10분 이상은 매수세가 약하다고 합니다.

또한, 대체로 원자재를 수입해 제조하거나 가공해서 내수용으로 공급하는 업체들이 많아 컨테이너 차량이 진입할 수 있는 토지를 선호한다고 합니다. 이면의 공장이라면 2차로에서 공장까지의 진입로가 중요한데, 직선도로라면 폭이 4m면 충분하지만 굴곡진 도로는 회전반경을 고려해 폭이 최소 6m는 되어야 합니다. 마지막으로 축사는 공장으로 전환되는 경우가 있지만, 지원시설은 재활용 및 폐기물이 쌓여 공장이나 창고로 전환되지 않아 좀처럼 시세가 오르지 않으니 피하는 것이 좋습니다.

잘 팔기 위한 두 번째 고려사항은 규모입니다. 이 지역은 매물이 없는 게 아니라 매수자가 원하는 규모의 매물이 없다고 보는 것이 맞습니다. 최근 대세는 대지 500평, 공장 200평(40%)으로 10억 원 내외 상품의 문의가 가장 많았다고 합니다. 그러므로 이 규모가 가장 회전율이 높다고 봐도 무방하죠. 하지만 토지는 한 필지가 1,000평 이상이 많다고 합니다. 필지 분할이 이뤄지면 좋겠지만, 도로개설 문제가 발생하고 자금도 분산되기에 토지주들은 반기질 않는다고 합니다.

마지막으로 적절한 시점을 정하는 것이 중요합니다. 토지는 꾸준히 그 가격이 상승하지만, 건물은 감가상각이 존재하기에 최적의 시점에 매도하는 것이 좋습니다. 보통 신축한 후 5년을 넘어서면 노후화가 시작되고, 10년이 지나면 노후화가 심해지기 때문에, 신축한 지 3~5년 내가 매도 적기라고 합니다. 임대차 기간은 통상 2년이나 건실한 업체의 경우 5년 계약을 요구하기도 하니 임대차 1~2회 이후 매도하면 되겠습니다.

인천(임장 조사 날짜: 2021년 4월 24일)

인천 일반공업지역의 전경

임장(기록)일: 2021년 4월 21일

포천 다음으로 살펴볼 지역은 인천입니다. **인천에는 약 1,393만 평에 이르는 거대한 공장촌이 존재합니다.** 물론 이 공장촌은 다시 인천지방산업단지, 준공업지역, 일반공업지역으로 나누어 볼 수 있습니다.

2020년 가을부터 이 인천의 공장촌에 개인투자자들이 찾아오기 시작했다고 합니다. 그동안 이곳은 실수요자들의 시장으로 지가 상승에 따른 시세 상승이 미미했지만, 2020년 몇몇 시공사와 기관에서 큰 부지를 매수한 후 임대를 내놓는 수익형 모델로 투자를 시작하자 시세가 상승할 여건이 갖춰졌고, 그에 따라 그해 가을부터 개인들의 추격매수가 시작되면서 평당 약 100만 원가량 시세가 상승했다는 것이죠. 이런 시장 참여자들의 증가가 자연스럽게 호가 인상에 반영되고 신축 분양도 늘어났다고 합니다.

매물의 예시							
구분	현재	대지	건물	매매	평단가	월세	수익률
일반공업지역	고물상	139평	없음	10.5억	755만	0.3억+300만	3.4%
일반공업지역	공장(신축)	146평	102	13억	890만	0.33억+330만	3.0%
일반공업지역 (지방산업단지)	공장(지분)	185평	미상(지분)	14억	757만	0.4억+460만	3.9%

임장(기록)일: 2021년 4월 21일

다시 말씀드리지만, 공장도 꼬마빌딩이나 토지처럼 세 가지 원칙에 따라 살펴보겠습니다. 잘 사고, 가치를 높여, 잘 파는 순서로 전략을 가져가면 됩니다.

먼저 어떤 토지든 잘 사야겠죠. **잘 사기 위해서는 시세부터 확인해야 합니다.** 인천 공장촌의 개략적인 시세는 평당 약 600~1,000만 원 수준으로, 지금까지는 입지나 연식 그리고 용도 지역이 시세를 결정했습니다. 수도권 아파트의 입지 프리미엄이 역세권으로 결정된다면 공장의 입지 프리미엄은 철저하게 접도입니다. 즉 어느 행정 구역에 위치했는지보다 인접한 도로가 얼마나 넓은지가 더 중요하다는 것이죠. 최소 6m 도로에 접한 지역은 평당 약 600만 원 수준이고, 40m 도로인 봉수대로면은 평당 시세가 1,000만 원까지 오른다고 합니다. 8m 도로에 인접한 공장들이 가장 많은데, 현재 평당 약 700만 원 수준의 시세를 형성하고 있다고 합니다.

입주 5년 내 공장

임장(기록)일: 2021년 4월 21일

또한, **공장의 연식도 시세에 영향을 미칩니다.** 일단 신규 분양이 가장 비싸고 5년이 안 된 신축도 신규 분양가와 평당 시세가 100만 원이 채 차이가 안 납니다. 하지만 구축의 경우는 신규 분양 매물과 거의 평당 200만 원이 넘게 차이 나는 지역이 많죠. 마지막으로 공장은 공업지역에 있는데 앞서 설명했던 것처럼 지역마다 용도 제한이 다르기 때문에 잘 확인해야 합니다. 일반적으로 시세는 주거 및 상업 용도로도 활용할 수 있는 준공업지역이 일반공업지역과 전용공업지역보다 높게 형성되어 있습니다.

잘 사려면 역시 대출 조건도 잘 살펴봐야겠죠. 공장촌은 통상 60%까지 대출 가능한데, 국가 및 지방산업단지 입주 기업은 최대 90%까지 대출이 가능하다고 합니다. 일단 입주 기업이 되려면, 일단 사업자등록증에 제조업이 포함되어 있어야 합니다. 한편 산업단지별 최소면적은 국가산업단지 500평, 지방산업단지 200평으로 최소 200평 이상 매수하는 것이 부담스러워 지분으로 접근하기도 합니다. 대부분 1/2 지분을 매수하는 방법을 사용하며, 아주 간혹 1/4 지분까지도 있다고 합니다.

하지만 이마저도 비싸다고 생각해 좀 더 싸게 매수하겠다는 투자자들은 아예 부지를 매수하여 직접 신축 공장을 짓는 방법을 사용합니다. 그 후에 매도하거나 임차인을 구해 임대 건물로 내놓는 것이죠.

이렇게 **가치를 높여야겠죠.** 이때는 역시 호재 만한 것이 없습니다. 최근 경인고속도로 일반화로 서인천 IC~가좌 IC 구간이 인천대로가 되었고 가좌 IC 북측으로 사거리가 신설될 예정이라고 합니다. 지금은 가좌 IC를 통해 우회해서 진입해야 했기에 덜 선호되던 지역이 대로변의 부지로 변한 셈이죠.

물론 이런 운이 좋은 경우도 있겠지만, 미리 이런 일은 예측하거나 개인이 호재를 만드는 것은 불가능에 가깝죠. 그렇다면 역시 꼬마빌딩처럼 리모델링이나 신축 건물을 지어야겠죠. 철거 후 신축의 비용은 건물 기준으로 평당 약 200만 원 수준이라고 합니다. 유사 조건에서 신축 분양과 비교하면, 철거 후 신축은 약 8.4억 원(대지 매입 약 7억 원, 건폐율 70%, 단층 신축 약 1.4억 원)가량 들고, 신축 분양은 약 9.5억 원 정도로 1.1억 원 정도 차이가 납니다. 물론 개인투자자라면 임대차가 맞춰진 5년 이내 신축을 선택하는 것이 손이 덜 가긴 합니다.

여기까지 진행이 되었으면 이제 잘 팔아야겠죠. 솔직히 잘 팔리려면 꼬마빌딩과 마찬가지로 **애초에 잘 팔릴 만한 매물을 골라야 합니다.** 이건 변함이 없죠. 공장촌에선 **100평 내외 소규모 공장의 회전율이 가장 좋습니다.** 경영 환경이 불투명하니 규모를 확장하는 기업들도 큰 부지를 매입하기보다는 인근의 작은 부지를 여럿 매입하는 추세라고 합니다. 이런 트렌드에 맞춰 **큰 부지를 10개 내외로 분할해 신축 분양을 진행하는데 투자자들이 이 방식을 선호한다고 합니다.**

공장

한편, **준공업지역은 시행사들이 공장 부지를 매수하여 오피스텔을 짓는 활동이 있었기에 선호도가 더 높다고 합니다.** 인천은 도시계획조례에 따라 준공업지역에서 공장을 아파트로 재건축하는 일은 불가능하니 꼭 참고하길 바랍니다. 그렇기에 업무시설의 일종인 오피스텔을 짓는 것이죠. 일각에선 인천도 서울의 준공업지역처럼 전면 개발이 가능한지 궁금해하는 사람도 있습니다. 이때 공장에서 아파트로의 개발은 불가능하지만, 연립 다세대 단독주택은 정비계획이나 지구단위계획을 통해 건축할 수 있습니다.

다시 공장 이야기로 돌아가면, 임대료는 공업 지역이 전체적으로 비슷하기에 우량 임차인으로 임대료가 적절하다고 해서 회전율이 높은 것은 아닙니다. 건물 기준으로 1층이 평당 3만 원, 2층이 평당 1만 5,000원 수준으로 수익률은 3% 내외입니다. 그러므로 임대 수익을 극대화하고 싶다면 **단층보다는 2층 이상으로 건축된 공장을 추천**하고 있습니다.

마지막으로 이 지역의 추가적인 한 가지 이점은 세금입니다. 몇몇 조건의 경우 세금 부분에서 취득세와 재산세 감면 조건이 있다고 하니 꼭 미리 세무사와 상담하는 것을 추천합니다.

경기도 광주(임장 조사 날짜: 2021년 6월 5일)

마지막으로 지금까지 알아봤던 토지 투자와는 다른 특별한 토지 투자 상품을 설명하려 합니다. 바로 **전원주택**인데, 이 역시 토지 투자와 연관되어 있습니다. 과연 이 전원주택이라는 부동산 관심층의 로망 영역에도 틈새시장이 있을지, 아니면 피해야만 하는 상품인지 알아보도록 하죠.

지금부터 알아볼 지역은 경기도 광주시입니다. 이 지역의 트렌드는 어찌 보면 대도시 사람들의 전원주택 로망과도 연결되어 있죠. 경기도 광주시에서도 특히 2021년부터 남종면, 퇴촌면, 강하면 쪽으로 토지 문의가 크게 늘었다고 합니다. 그중 남종면은 상수원보호구역이라 개발이 어렵고, 퇴촌면은 서울에 접근이 쉬운 지역이라 최근 빌라촌으로 거듭나면서 시세도 오르고 있죠. 그래서인지 현장에서는 우선 강하면의 전원주택 부지를 권한다고 합니다.

임장(기록)일: 2021년 6월 5일 | 출처: 부동산플래닛

지형도만 봐도 강이 흐르고 산이 있는 강하면 지역은 카페나 음식점 그리고 전원주택이 많이 보입니다. 일단 이 지역은 광범위한 상수원보호구역입니다. 이런 이유로 공장이나 창고가 들어서기 어려운 입지죠. 현장에서 직접 확인해 봐도 공장은 아예 찾아볼 수조차 없었고, 창고도 거의 없었습니다. 물론 차후 서울-양평 고속도로가 들어서면 인근으로 창고나 공장이 들어설 가능성도 있겠지만, 10년 후에나 가능한 일이 되겠지요.

본격적으로 분석에 들어가기에 앞서 전원주택 투자의 특징을 먼저 알아보겠습니다. 일단 **전원주택은 특성상 회전율이 매우 낮은 상품입니다.** 그래서 현장 부동산과 시행사에서는 전원주택 토지를 판매하는 방식을 사용하고 있죠. 일단 소액투자가 쉽도록 필지 분할과 부지조성을 진행합니다. 그렇게 되면 실투금 1억 원 이하로도 충분히 투자할 수 있는 상품이 되죠. 또한, 관리 지역에서 사업용 토지와 주택 수 미포함 솔루션을 제안합니다. LH 사태의 여파로 발표된 3·29 대책에 따라 비사업용토지 양도세가 높아졌기에 잘 고려해야 합니다.

이런 여러 이유로 지금까지 이 지역은 투자하기에 큰 메리트가 없던 지역입니다. 하지만 이 지역의 숙원 사업이자 최대 호재였던 **서울-양평 고속도로의 예비타당성조사가 2021년 4월 말에 통과되면서 분위기가 반전되었습니다.**

좀 더 시간이 지나 봐야 정확히 결정되겠지만, **가장 중요한 건 IC로 추정되는 위치입니다.** 현재 보도자료의 지도가 제각각이라서 한동안 혼선이 존재할 것으로 보입니다. 이런 상황에서 불확실성이 존재하는 창고나 공장 부지가 아닌, 수요가 어느 정도 증가할 것이 확실한 전원주택용 토지에 최근 관심이 급증한 것이죠. 지금부터 몇몇 전원주택용 토지를 잘 사고, 가치를 높여, 잘 파는 순으로 이야기를 이어 가보겠습니다.

전원주택부지(사업용 토지+주택 수 미포함 가능)

임장(기록)일: 2021년 6월 5일

일단 토지를 잘 사기 위해서는 판매 주체부터 잘 선정해야 합니다. 부가가치를 얻고자 한다면 원석을 매수하여 잘 가공해서 되파는 것이 기본입니다. 하지만 그 과정이 번거롭기에 각자의 성향에 맞춰 선택해야 합니다. 판매 주체는 크게 현지 부동산과 외부 시행사로 나눌 수 있습니다.

토착화된 현지 부동산은 원래 살던 주민들의 중소형 토지를 매수하여 매수자가 직접 개발해 일부 사용하게 하거나 잔여 매각을 권한다고 합니다. 중소형 토지다 보니 산 아래 곳곳에 매물이 남아 있고 개략적인 가격은 평당 약 100만 원 수준이라고 합니다.

반면 **부가가치가 필요한 시행사는 외지인과 원래 살던 주민들의 대형 토지를 매수하여 직접 개발해서 분양하는 방법을 사용합니다.** 이후 매수자는 전원주택을 올리거나 사업용 토지로 유지하면 되는 것이죠. 산 아래와 조망 가능한 대형 토지의 분양은 이미 많이 진행되어 현재는 골짜기 끝자락 토지를 분양하고 있다고 합니다.

개략적인 시세는 끝자락과 초입이 차이를 보이는데 평당 약 70만 원에서 100만 원 사이라고 합니다. 최근에는 호재에 맞춰 기획부동산도 활동을 재개했다니 주의해야 합니다. 일부는 상수원보호구역 임야 지분 200평을 평당 12만 원에 판다고 하는데, 상수원보호구역은 활용 불가이므로 피하는 것이 좋습니다.

이렇게 자신의 성향에 맞춰 시행사를 정했으면 이제 가격을 봐야 합니다. 강하리의 개략적인 시세는 평당 약 100만 원 수준으로 전원주택용 토지는 주택이므로 위치와 방향 그리고 조망권에 따라 시세가 달라집니다. 앞서 다룬 창고나 공장용 토지의 시세 기준이 위치(IC 인근)와 도로 조건 그리고 용도 지역에 따라 시세가 구분되었던 것과는 제법 다르죠. 실제로 남한강의 조망은 주변보다 약 1.5배, 저수지 조망은 약 1.3배 정도 가격이 더 높다고 합니다. 전원주택은 생산 및 보전관리지역의 용적률 20%로도 충분하고 계획 관리 지역의 40%까지 필요하지 않아 용도에 따른 시세는 별 차이가 없다고 합니다.

하지만 **예비타당성 통과 호재로 오히려 매물이 잠겨 호가가 제각각인 현 상황에 무리하게 추격매수하기보다는 시세가 안정될 때까지 기다리는 것이 좋겠다는 의견도 있었습니다.** 초단기 투자자가 아니라면 말이죠.

임장(기록)일: 2021년 6월 5일

이렇게까지 해서 **토지를 매수했다면 이제 가치를 높여야죠.** 가치를 높이기 위해서는 몇 가지 방법을 사용해야 합니다. 그중 가장 좋은 방법은 교통 호재를 이용하는 것인데, 아직 IC의 위치도 확정되지 않았고 이는 개인으로서는 확인할 방법이 없으니 무리해서 이렇게 추정할 필요는 없겠지요.

그렇다면 개인으로서 할 수 있는 방법을 찾아야 합니다. 바로 전원주택용 토지를 구성하는 것입니다. 포천처럼 광주시 강하면도 전원주택 신축이 활발한 성장기라 시스템이 잘 갖춰져 있다고 합니다. 그만큼 대출 시스템도 잘 갖춰져 있죠. 물론 **대출은 지역의 제2금융권보다는 서울의 제2금융권이 더 공격적으로 영업하는 편입니다.** 잘 알아보고 정해야 하는데, 현재 LH 사태 이후 토지 대출이 활발한지는 확인해볼 필요가 있습니다.

이렇게 자금을 조달했으면 시공을 진행해야 하는데, 시공비는 부지 조성의 경우 약 평당 10만 원 선이며, 혹여 로망까지 꿈꾸는 차익형 소액 투자자에겐 이동식 주택도 충분해 보입니다. 이동식 주택은 건축법에 따라 제작에 돈이 좀 더 들기는 합니다. 반대로 농막은 이동식 주택보다 약 1,000만 원 정도 싸고 약 1달 정도의 제작 기간이 필요하다고 합니다. 만약 전원주택을 올리고자 한다면 건축비로 평당 약 400만 원가량의 자금은 필요하다고 합니다.

마지막으로 시세차익을 목적으로 구매한 투자자라면 잘 매도해야 합니다. **토지 시장은 기본적으로 환금성이 낮습니다.** 그중 전원주택용 부지의 경우는 더 그렇죠. 공장용 토지와는 달리 필수 부동산이 아닌 선택용 부동산일 가능성이 높기 때문입니다. 그래서 잘 팔리려면 원룸 오피스텔처럼 애초에 잘 팔릴 만한 것을 매수해야만 합니다.

그럼 언제가 가장 좋은 매도 시점일까요? 일단 차익 실현이 목표라면 서울-양평 고속도로 공정의 진행 단계를 계속 보아야 합니다. 호재로 인해 프리미엄이 오르는 것을 늘 체크하고 있어야 한다는 의미입니다.

게다가 사업용 토지도 2년 미만 양도세가 60%이기에 최소 2년은 보유해야 할 테고 기본 설계 단계에서 주민설명회를 개최하고 기대감이 형성된 이후가 일단 좋겠지요. 이 시기에 전원주택 붐이 분다면 금상첨화겠지만, 그건 희망의 영역일 뿐이지요. 대체로 매수자들은 전원주택 로망을 가진 아버지들이 가장 많습니다. 이 점도 활용해야겠지요. 이 **아버지들에게 어필할 수 있는 마케팅 포인트**를 공부할 필요도 있습니다.

그만큼 전원주택은 투자하기 매우 어려운 상품으로 1990년대에 일었던 전원주택 붐과 거품 붕괴를 절대 잊지 말아야겠습니다.

마지막으로 전원주택 투자에 있어 꼭 드리고 싶은 말씀이 있습니다. 전원주택은 정말 실거주 목적으로 필요한 대상에게 어필할 수 있는 상품으로 개발하면 됩니다. 입지는 그다음입니다. 역으로 말씀드리면 장기 투자보다는 중단기 투자용이어야 한다는 의미입니다. '평생'이 아니라 '적당한 시기'에 매도하길 추천합니다!

각종 세금 중과로 내 집 마련, 갈아타기
그리고 투자를 힘들어하는 분을 위한 연구 결과

2018년 11월, 실전투자자 **'행복한백수'**님과의 약속으로 임장보고서를 쓰기 시작해 2021년 9월 현재까지 약 440편의 보고서를 작성했습니다. 유료 리포트인데도 불구하고 다행히 많은 분이 즐겁게 봐주셨습니다. 그래서 지금까지도 임장 리포트 밴드가 잘 유지되고 있다고 생각합니다. **밴드 유료 구독자** 분들께 가장 먼저 감사드립니다.

부동산 투자 스승이신 **트루카피**님의 지도 편달 하에 이슈가 있는 현장을 선택하여 임장하고 그 동향을 보고서로 전해드렸습니다. 임장 리포트의 질이 매년 업그레이드 될 수 있었던 건 이 3년간의 수련 기간 덕분이 아니었나 생각합니다. 그래서 이번에 이렇게 출간할 기회를 얻었다고 봅니다.

이번 책에서는 12.16 대책의 15억 원 이상 대출 금지 및 6.17, 7.10 대책의 **각종 세금 중과에 따라 애타는 실수요자들의 내집 마련하기 또는 갈아타기 및 여러 투자자들이 대안을 찾아 연구하고 활동했던 내용**을 담았습니다. 연구 대상이 방대하고 양이 많아 모두 책으로 풀어낼 수는 없었습니다만, 현재 부동산 트렌드가 어떻게 흘러가고 있는지 충분히 파악할 수 있고 그에 따른 전략을 세울 수 있을 것입니다.

임장 리포트를 강의로 함께 풀어보자고 제안해 주신, 그래서 책으로 출간할 수 있게 해주신 **빠숑**님께 감사드립니다. 아울러 대한민국 최대 부동산 카페의 주인장 **'붇옹산' 강영훈 대표님**, 임장리포트 밴드를 열심히 홍보해 주시고 늘 응원해 주시는 **'월천대사' 이주현 대표님**께도 감사드립니다.

다시 말씀드리지만 이번 책은 임장 리포트 답사 기준으로 구성했습니다. 상황이 변경될 여지는 있습니다. 긴박하게 돌아가는 현장일 경우 더 그렇겠지요. 이 점은 감안하고 보셔야 합니다. 본문에서도 여러 번 말씀드렸지만, 부동산은 시의성이 매우 중요하고 손품, 발품, 인품을 동시에 고려해야 하니까요. 만약 그러한 번거로움을 드렸다면 너그럽게 이해해주시면 감사하겠습니다.

시시각각 변경되는 시장 환경과 상품별 투자자 동향은 이후 네이버 밴드를 통해 계속 안내하겠습니다.

일일이 모두 언급하지는 못하지만, 그동안 도와주신 모든 분들께 감사의 인사를 전합니다.

아울러 제가 받게 될 인세는 이문수 신부님께서 운영하시는 청년밥상 문간에 기부하려 합니다.

더 열심히 임장하고 더 좋은 리포트로 찾아 뵙겠습니다. 고맙습니다.

— 김우람(블루999)

임장보고서 리스트 목록(2021년 8월 30일~2019년 5월 1일)	
210830	광명뉴타운 해제구역
210827	반포(반포발 대세 상승을 꿈꾸다)
210826	인천, 극초기구역(만수동, 구월동, 주안동)
210824	포천, 분양권 및 1억 이하
210823	마곡, 오피스텔
210821	분양권
210819	포항, 분양권+1억 이하
210817	용산, 극초기구역
210816	송도, 오피스텔
210813	춘천, 1억 이하
210812	마포
210810	금정역+군포역, 극초기구역
210807	고덕
210805	광교, 오피스텔
210803	화곡동, 극초기구역
210730	헬리오+파크리오
210729	청라 오피스텔
210727	생활대책용지(상가 딱지)
210724	퇴계원 재개발
210722	부산 아파텔
210720	광인리 극초기구역(통매수)
210718	강남구(자곡동) 오피스텔
210717	제주도(거래량)
210716	하남(미사) 오피스텔
210714	제주도 2(부속상품)

210712	제주도 1(토지)
210709	성북구 해제구역 1(정릉동)
210708	인천 썩빌 3
210707	능곡뉴타운
210705	금천구 해제구역
210703	구로구 소규모 재건축
210701	강남구 소규모 재건축
210629	강북구 해제구역
210628	인천 썩빌 2(신현동, 가정동)
210625	관악구 해제구역(+법원단지)
210623	구로구 해제구역(+세곡초)
210622	서대문구 해제구역
210621	순천(공주가 1억 이하)
210618	동대문구 해제구역
210616	목포(공주가 1억 이하)
210615	광주광역시(공주가 1억 이하)
210612	인천 썩빌(만수동, 구월동, 주안동)
210610	명동 꼬마빌딩(상가)
210608	용산구, 원효로 1가, 효창동
210607	영등포구 해제구역
210605	경기도 광주시, 전원주택
210603	은평구 해제구역
210602	해제구역 임장 방향
210531	문정동 지식산업센터+오피스텔(원룸)
210528	분당 재건축
210526	서울 썩빌 시즌 2

210526	중랑구, 면목동, 중화동
210525	송파구(헬리오+훼미리)
210521	개포동
210519	포천(공장, 창고)
210518	신당동, 마장동(소규모 주택정비관리지역)
210514	반포(전세대란)
210513	대전(극초기구역)
210511	청주(공주가 1억 이하)
210507	위례
210506	인천 부평구 재개발
210503	안성(공주가 1억 이하)
210501	목동
210429	부산(전포동, 서금사뉴타운, 명장동)
210427	부산(괴정뉴타운, 보수동, 용호동)
210424	인천 공장
210423	부산 주거 환경 개선 사업
210421	성동구(응봉동)
210421	성동구(금호동)
210419	임장 방향(소액투자)
210417	잠실 5단지+은마
210415	역삼동 국기원 일대(소규모 주택정비관리지역)
210414	대치동 삼성동(소규모 주택정비관리지역)
210413	합정동 구합정전략정비구역
210412	송파구 2~3선지 재건축
210409	서울역 북부 역세권 수혜주(강북의 코엑스)
210407	미아재정비촉진지구+미아 258, 번동 146

210406	반포 1동 빌라촌
210405	상계 주공
210402	성동구 송정동
210331	강북 3기 신도시
210330	공공재개발(2차) vs 낙방구역
210330	일원동 대청마을(오세훈 서울시장의 강남구 재개발)
210329	한남뉴타운
210326	용산 원효로(오세훈 서울시장 수혜주)
210323	분당 원룸 오피스텔
210322	영등포 준공업지역(지식산업센터+문래동 공장)
210319	성수동 준공업지역(지식산업센터+꼬마빌딩)
210318	하이엔드 오피스텔
210316	대학로 꼬마빌딩
210315	LH 사태 여파
210312	GTX-A 연신내 동쪽 빌라
210311	꼬마빌딩
210309	성남 구도심(공공재개발 경기도 버전→공공정비사업)
210305	광명, 시흥 신도시(하안주공~은계)
210305	광명, 시흥 신도시(하안주공~은계)
210304	노량진뉴타운
210302	정릉 주거환경개선사업(구 정릉 3구역 및 구 정릉 8구역)
210301	썩빌투자 트랜드
210226	분당 리모델링
210224	양평 분양권+구축
210223	검단 신도시 및 인근 구축(GTX-D를 꿈꾸며)
210220	하남 구도심 해제구역(GTX-D를 꿈꾸며)

210219	성남 태평동+논골
210218	압구정동 재건축
210216	상일동 썩빌
210216	고덕동 공공재개발
210214	잠실
210210	방배동 단독주택 재건축
210209	인천 구월힐캐슬 외
210208	2.4 공급대책에서의 투자 기회 2
210206	용산전자상가의 '썩상'
200204	공급대책에서의 투자 기회 1
210204	광진구(역세권 고밀도 개발+노후도)
210202	인천 초기구역, 박촌역, 동암역, 도화역
210131	천호동, 성내동(역세권 고밀도 개발 및 도시건축혁신사업)
210129	역세권 고밀도 개발
210128	목동, 신월시영, 신월7동 공공재개발
210126	중랑구(중화동, 상봉동)
210123	상록수역(GTX-C 추가 역을 꿈꾸며)
210122	의왕빌(GTX-C 추가 역을 꿈꾸며)
210121	공공재개발(청량리~창신숭인)
210118	9호선 연장 미사-다산-남양주(진건)
210115	공공재개발 1차 후보지 발표
210115	준공업지역(공구상가)
210114	준공업지역(창동 썩빌)
210112	아파텔(수원)
210111	아파텔(일산)
210108	홍제동

210107	동두천
210105	강남권 재건축
201229	남양주 왕숙·고양 창릉 신도시 교통 대책
201228	수원 2선지
201226	구로 주공, 남구로빌 외
201223	은평뉴타운
201222	여의도
201221	상도동보다는 인근을
201218	광명뉴타운
201216	양주 옥정 신도시 외
201215	송도
201214	역세권 고밀도 개발(미아사거리역, 미아역, 쌍문역)
201211	안산(회복 상황 점검)
201209	고덕~미사
201208	의정부(민락 2+썩빌)
201205	위례
201204	원주
201202	산본
201201	성동구
201127	마포 외
201125	일산 북부
201124	압구정동+반포자이 신반포 4지구
201121	과천 지정타 청약 후 평촌 거래 재개
201120	파주 운정 신도시
201119	인천 재개발 3
201117	인천 재개발 2

201116	인천 재개발 1(상인천초등학교 외)
201112	대구
201111	부산, 6주 수업을 마치고
201103	창원
201101	청주
201026	부산(진구)
201024	광주
201022	근생 입주권 여부
201020	부산(해운대구의 재송동, 반여동)
201015	공공재개발, 청파동 1가 및 원효로 1가
201015	부산(수영구)
201013	부산(사직동)
201012	산본, 리모델링
201009	삼양동
201008	부산(사하구 초기구역 외)
201005	거여마천뉴타운
200929	삼송 아파텔
200925	김포, 세 낀 매물 얼마면 팔리나요?
200923	재건축 상가(상계주공)
200922	일산(중대형)
200918	석관동, 장위동 가로주택정비사업
200916	신정뉴타운+목동
200915	상계뉴타운
200914	압구정동
200911	인천(공시지가 1억 원 이하 매수세 점검)
200909	구리(교문동)+다산 신도시

200908	강서구(마곡, 이제 저렴해 보이는데?)
200907	흑석뉴타운(서반포의 꿈)
200904	분당 중대형
200902	가산디지털단지(지식산업센터)
200901	송파구 재건축
200827	과천
200826	길음뉴타운+미아동(SK북한산시티)
200825	타워팰리스+개포시영 포레스트
200822	신길뉴타운
200821	부천(전세)
200820	힙지로
200819	분당 아파텔
200818	성동구 주거환경개선지구
200815	고덕~미사 신도시(전세)
200814	성동구(전세)
200812	상계주공+방학동 공공재건축
200811	동대문구 공공재개발
200808	수색증산뉴타운
200807	위례 신도시, 감일지구
200804	장위뉴타운(해제구역)
200804	창신숭인뉴타운 및 충신1구역
200801	안산, 매도할 수 있을까요?
200730	후암특별계획구역
200728	미미삼, 태릉입구역~공릉역, 구리 갈매지구
200724	중구 역세권 초기구역
200723	신도림 동향보고서

200722	은마 잠실 5단지 동향보고서
200721	녹번, 불광, 연신내 초기 구역
200720	천안 구도심 분양권+재개발
200718	천안 구도심 분양권+재개발(7.10 대책의 지방 시장 여파)
200717	신림뉴타운
200715	킨텍스+미사 신도시 아파텔
200714	양평 12~14구역+문래동 1~4가(준공업지역)
200713	한남뉴타운+성수전략정비구역 2
200711	한남뉴타운+성수전략정비구역 1
200710	마포구 망원동(초기구역, 가로주택)+성산시영
200708	송파구(문정동 오피스텔, 문정건영, 거여마천뉴타운)
200707	자양동
200706	춘천
200703	경희궁자이 및 인근 재개발
200702	마포구
200701	파크리오→광장동 1/2편
200630	도곡동, 역삼동
200627	GTX-B 인천시청역
200626	구리
200625	암사동~미사 신도시
200620	파주(운정 신도시) 풍선 효과 현장 메모
200618	김포 풍선 효과 현장 메모
200618	평내호평, 규제 후 다음 날
200615	평촌 신도시
200612	분당(효자촌, 장안타운)
200610	올림픽훼밀리+자곡동, 세곡동

200608	화정동, 행신동
200605	송파구 2선지
200603	죽전
200530	의정부
200528	용산구(한강대로~원효로)
200526	일산 북부 지역(풍동, 식사동)
200525	송파구 빌라촌+가로주택정비사업 2
200522	송파구 빌라촌+가로주택정비사업 1
200520	청량리 전농답십리뉴타운 2
200519	청량리 전농답십리뉴타운 1
200515	서울 극초기구역(소액투자)
200513	위례 신도시
200509	동부이촌동 vs 서부이촌동
200507	여의도
200504	능곡뉴타운
200430	압구정동 현장 메모
200429	잠실5단지 은마 현장 메모
200428	분당(수내동, 서현동)
200427	철산주공 재건축
200425	5월 모집공고 및 광명뉴타운
200423	개포주공~헬리오시티
200421	과천
200418	고덕주공(입주 전 마지막 급매)
200416	서초동 2(독수리5형제)
200415	서초동 1
200412	목동

200410	녹음 자료(빠숑의 세상답사기)
200409	반포(단지별 급매)
200406	마포구(해제 후 재추진구역)
200406	대치동과 역삼동의 기축과 구축
200403	성동구
200401	잠실
200328	성남 구도심 재개발
200326	마포구+북아현
200324	강남권 재건축 현장 메모
200323	금천구
200320	일산 북부 지역
200318	중계동 동북선 라인
200314	방배동 재건축 2 및 우극신 리모델링
200313	방배동 재건축 1(단독주택 재건축 구역)
200310	수도권보다 더 싼 서울, 쌍문동, 방학동
200309	수도권보다 더 싼 서울, 도봉동
200306	목동+신정뉴타운 외 1
200304	수도권과 비슷한 서울, 홍제동, 홍은동
200229	수도권과 비슷한 서울(6~9억), 길음미아뉴타운, 하월곡동+월계동 1
200225	정릉동, 미아동
200225	잠원동 신반포~구반포 재건축 리모델링
200224	잠원동 신반포 재건축
200221	압구정동 재건축
200219	대치동 개포동 재건축
200213	신길뉴타운 및 인근
200211	강남권 재건축+인근 단지 현장 메모

200210	용인 기흥구 동백지구
200206	용인 기흥구 구축
200205	용인 수지구 구축
200203	녹번역 백련산
200130	평택 고덕 신도시&지제역 분양권
200128	천왕역세권-항동-옥길
200125	성남 구도심
200121	의정부 구축
200120	수원(장안구)
200117	수원(호매실)
200115	구리 8호선 역세권 구축
200113	경기도 광주
200110	의왕
200108	지축, 삼송, 원흥
200104	7호선 라인(부천, 부평)
200102	운정 신도시
191230	다산 신도시
191229	마포구+북아현뉴타운
191228	강남구
191223	일산 인근(신축)
191221	화성, 오산
191218	하남(구도심)
191215	지방보다 저렴한 수도권 4(흥덕)
191213	강동구(리모델링)
191211	광명 철산주공, 하안주공
191209	양주 신도시(옥정, 회천)

191009	둔촌, 고덕
191007	장현, 안산
191004	북아현뉴타운 외
191002	능곡, 향동
190930	구리, 덕소
190927	수원
190925	미사(현장 메모)
190924	강남구(현장 메모)
190922	의정부(현장 메모)
190921	염창동(현장 메모)
190902	임장보고 임시 휴무 안내
190901	거여마천뉴타운(+송파재건축)
190830	잠실재건축(잠실주공5단지, 진주 미성크로바 장미)
190828	둔촌주공+올림픽선수촌 외
190825	인천(GTX-B 인천시청역)
190823	상계뉴타운
190821	강서구(마곡+우장산)
190818	안양
190816	신림뉴타운
190814	부천
190811	별내
190807	의정부
190804	다산
190802	미사
190731	강동구
190728	통일로(경희궁자이→힐스녹번)

190726	길음미아뉴타운
190724	영등포구
190721	구리
190719	중계동 학군단지+중랑구
190717	송파구 2선지
190714	일원동, 수서동
190712	분당
190711	강남권 2선지(방배동)
190707	송도
190705	위례
190703	강남구 2선지
190630	안양
190628	광진구
190626	잠실
190623	안양(석수역, 안양역, 호계동)
190621	금호동, 행당동, 왕십리, 답십리
190619	부평구
190615	향동, 능곡+상암
190614	부천
190612	상계주공
190608	광운대역 인근(미미삼+장위뉴타운)
190607	목동
190605	광명뉴타운, 하안주공
190602	노량진뉴타운
190531	수지구
190529	마포구

190526	미사
190524	일산
190522	청량리
190519	광명뉴타운+철산주공
190517	분당(서현+수내동)
190515	목동
190512	성남재개발
190510	개포동
190508	강동구
190505	압구정동
190503	위례
190501	성동구

NOTICE ————————————————————————————————

과거, 현재, 미래의 임장 리포트가 필요한 분들은 가입하세요.

블루999의 블로그

부록

최근 부동산 투자 트렌드 Q&A

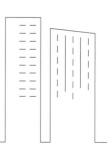

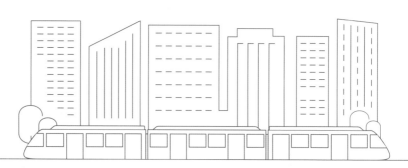

Q. 언제까지 15억 원 이하 대출이 가능한 시장만 움직일까요?

A. **15억 원 이상 대출이 불가능한 중심지도 움직이고 있으며, 거래량은 극히 적지만 신고가는 갱신되고 있습니다.** 탑 3인 압구정, 반포, 대치동 중 유일하게 토지거래허가구역이 아닌 반포에서 주도하고 있으며, '마용성', 고덕, 신길 등 서울의 2선지도 뒤쫓아 호가가 상승하며 신고가가 나오고 있습니다.

이러한 신고가는 잠재 실수요자들이 토지거래허가구역 외 단지를 갭투자로 매수하면서 나타나는데, 반포는 15억 원 갭, 역삼동이나 도곡동은 13억 원, 헬리오 파크리오는 10억 원, 마포 8억 원, 고덕 7억 원의 갭입니다. **또한, 수도권 중대형의 호가 상승세도 매섭습니다.**

Q. 중심지의 시세가 상승하고 수도권 중대형의 호가가 상승하는 현상은 다주택 투자자에게는 힘든 부분이죠. 그 상황에서 다주택 투자자들은 주로 어떤 상품을 택했을까요?

A. 다주택 투자자들은 주로 이러한 상품을 선택했습니다.

· 지방 공시지가 1억 원 이하의 아파트

· 지방 분양권

· 극초기구역(썩빌)

· 오피스텔(아파텔)

· 지식산업센터 및 생활형 숙박시설

Q. 현재 공급 부족으로 대세가 상승하고 있지만, 그럼에도 잠재적인 리스크를 찾는다면 무엇일까요?

A. 우선 글로벌 금리 인상과 대출 축소(거스를 수 없는 대세)를 들 수 있으며, 헝다 그룹을 비롯한 중국 부동산 시장(이것 때문에 추석 연휴 동안 해외 증시가 출렁거렸고 우리나라 주식 시장도 뒤쫓아서 흔들릴 것으로 보입니다. 부동산 시장도 함께 흔들릴지는 중국의 추이와 우리나라 시장을 좀 더 지켜봐야겠습니다)과 유력 대선 후보들의 공약 영향력 등을 들 수 있겠습니다.

Q. 최근 거래량이 가장 많은 지방 공시지가 1억 원 이하 아파트 시장의 동향은 어떤가요?

A. 6.17, 7.10 대책 후에 1년 넘게 법인투자자들이 전국 곳곳 빈틈없이 살 만큼 샀더니 이제 안 오른 곳도, 더 이상 살 곳도 없다는 이야기가 들립니다. 그래서 매수세도 거래량도 줄었습니다. 하지만 최소액 투자처이고 타 상품보다 투자가 수월한 상품이다 보니 추석 후에 전세가가 상승하고 갭이 축소된 지역들은 매수세의 재유입이 가능할 것으로 보입니다. **그래서 포인트는 전세 매물량입니다. 전세가 귀해야 전세의 시세도 오르고 갭도 좁혀질 테니까요.**

A. 올해 6월부터 양도세 중과가 시행되었습니다. '어차피 다운계약서 쓰고 양도세야 매수자 몫인데, 그깟 양도세 중과'라 치부하는 투자자들도 있었지만, 실제 시장에 영향이 없진 않았습니다. **그래서 투자자들은 지식산업센터 및 생활형 숙박시설의 분양권으로 넘어가서 그간 수익형이었던 상품을 차익형으로 바꿔 놓았습니다.** 한편, 올해 최대 분양권 시장은 포항입니다. 법인투자자들이 초P에 여러 건 매수해서 1차 중도금 직전에 후속 투자자 혹은 실수요자에게 매도하면서 거래량이 폭발했습니다. **올해 잔여기간 동안 비규제지역 분양권 시장에서 법인들은 이런 행태를 주도할 것으로 보입니다.**

A. 전반적으로 거래량이 꽤 줄었지만, 아직은 급매물이 대거 출회되어 시세가 조정되는 모습은 어디에서도 보이지 않고 있습니다.

Q. 서울 극초기구역 '썩빌'의 동향은 어떤가요?

A. **여러 극초기구역에서 9.23 공모를 시작한 공공기획 민간재개발과 4분기에 시작될 국토부의 2차 공공재개발을 준비하고 있습니다.** 하지만 작년의 공공재개발 1차만한 매수세의 유입은 어려울 것 같습니다. 웬만큼 노후화된 곳은 공공재개발로 투자자들의 손을 타 호가가 크게 오르면서 투자금도 1억 원을 훌쩍 넘겼으니까요. 그래서 미리 매수한 투자자들만의 잔치가 될 수도 있을 텐데 지금도 곳곳에 신규구역이 런칭되고 있기 때문에 베팅의 기회는 있습니다(다만 투자가 아닌 베팅이므로 주의해야 합니다).

Q. 부산 극초기구역 '썩빌'의 동향은 어떤가요?

A. 기존의 서금사 괴정뉴타운의 반여·반송 등과 올해 부산 투자자들이 런칭한 달맞이빌 광안리, 외지 투자자들이 시작한 보수동, 용호동, 대현동 등의 거래는 모두 잠잠합니다. 이는 초반부터 투자금이 서울 수준까지 치솟았고, 극초기구역이 우후죽순 난립하며 광안리 통 매수까지 나타나자 여러 투자자들이 스스로 부산은 주의해야겠다는 생각을 한 것 같습니다. **하지만 사전타당성 검토를 통과한 구역들이 인근으로 꾸준히 자극을 줄 것이고 서울의 핵심 극초기구역의 갭이 더 벌어지면 부산으로의 낙수 효과도 발생할 것으로 보입니다.**

Q. 인천 극초기구역 '썩빌'의 동향은 어떤가요?

A. **갭 1,000 이하의 신 구역들만 연이어 반짝할 뿐 기존 구역들은 잠잠합니다.** 또한, 상반기 LH 전세 종료 이후, 6월 무렵에 런칭된 구역에서는 잔금까지 전세를 맞추지 못해 공실로 재출회하며 추격매수세가 주춤해졌습니다. 하반기의 LH 전세가 재개되기 전까지는 이럴 듯합니다. 인천의 경우 극초기구역은 여럿 난립했지만, 아직 서울이나 부산처럼 정비구역으로 지정되는 사례는 없으며, 동의율도 저조한 편입니다. 그러니 단타로 접근하게 되는데요(갭 1,000에 매수해서 3,000에 매도). 하지만 **어디선가 정비구역지정 사례가 나온다면 분위기가 크게 달라질 것입니다.** 그러려면 서울처럼 공공재개발 공모를 해야 합니다.

Q. 2021년 8월까지의 오피스텔 상황은 어떠한가요?

A. **6.17, 7.10 대책 이후 2~3룸 아파텔은 즉각적으로 상승세를 탔으나, 원룸은 그대로였습니다. 아무래도 원룸은 오르지 않는다는 인식이 강했죠.** 하지만 2~3룸과 가격 격차가 크게 벌어지며 갭을 좁히기를 기대하는 투자자들과 실투자금이 같다면, 지방의 공시 가격 1억 이하의 '썩아(구축 아파트)'보다는 수도권의 오피스텔을 택하겠다는 투자자들에 의해 **올봄부터 송도, 분당을 필두로 수도권의 신도시나 국제도시 시장이 골고루 활발해졌습니다. 근데 투자자들의 논리와 달리, 실제 현장에서는 전세가 매매를 밀어 올리는 경우가 대세였습니다.** 반면, 부산을 비롯한 지방의 경우, 2~3룸 아파텔 시장 정도에서나 소소한 움직임이 있는데, 때가 되면 전국의 오피스텔 투자자들이 찾아갈 것 같습니다.

Q. 2021년 9월의 강남권 중대형 오피스텔의 상황은 어떠한가요?

A. **강남권의 중대형 오피스텔은 도곡동에 몰려있고, 타워팰리스는 매물이 귀해 건너의 SK리더스뷰도 함께 보게 됩니다.** 오피스텔은 무엇보다 대출이 가능하고 자금 출처 조사가 없습니다. 이 둘만으로도 큰 호재이다 보니, 투자자와 실수요자 모두 오피스텔을 꾸준히 찾고 있습니다. 이러다 보니 오피스텔의 호가가 주상복합의 턱밑까지 쫓아오고 조만간 다시 주상복합 호가가 밀려 올라가는 선순환이 예상되기도 합니다.

Q. 잠실 오피스텔의 상황은 어떤가요?

A. 언론에 많이 나왔던 잠실 5단지 건너편의 갤러리아팰리스가 많은 관심을 받고 있으나 여기도 매물이 없어서 잠실역을 건너가 푸르지오, 스타파크, 스타리버 등에서 기회를 찾고, 재건축의 기대주인 한신잠실코아도 많이 봅니다. 재건축되어 아파트를 배정받는다면 잠실 재건축 최저 실투금 단지죠. 그래서 최근에 크게 올랐습니다.

Q. 잠실 오피스텔은 투자하기에 난이도가 높은 상품이라는데 이유는 무엇일까요?

A. 평형과 구조가 다품종이고 소량이라서 적정가를 잡기 어렵습니다. 더구나 잠실은 호가가 상승 추세라서 더더욱 잡기가 어렵습니다. 또한, 높은 업무용 비중으로 전입, 전세자금 대출, 갭 투자가 불가능해서 매수자가 풀 대출이 필요한데 대출 규제(+방 빼기)로 투자금이 점점 커집니다. **이렇게 어려운 상품은 맘 편히 패스하면 되는데요.** 잠실 5단지발 상승세가 매섭고 파크리오 16평(원룸, 전용 29㎡)의 시세가 10~11억 원인데, 길 건너 46평(투룸, 전용 74㎡) 오피스텔의 호가도 10억 원이고, 그 옆의 23평(1.5룸, 전용 39㎡) 오피스텔의 호가는 4.3억 원이다 보니 **아무래도 아파트의 상승세를 뒤쫓아 더 오를 것 같아서 고민하게 되죠.**

Q. 강남 도곡렉슬과 SK리더스뷰 아파텔의 시세가 궁금합니다.

A. **도곡렉슬 33평의 신고가는 32억 원(아직 신고 전)입니다. 도곡동의 중대형 오피스텔과 주상복합이 저렴해 보이기도 합니다.** SK리더스뷰 아파텔의 시세는 54평(전용 140㎡) 중층은 매매 25억 원, 전세 17억 원이 예상됩니다(갭 9억 원). 63평(전용 163㎡) 고층은 매매 28억 원, 전세 19억 원이 예상됩니다(갭 9억 원).

Q. 현재 지식산업센터 분양권 시장이 뜨거운데요. 특징이 무엇인가요?

A. 그간 지식산업센터는 대표적인 수익형 상품이었으나 규제로 인해 차익형으로 다시 태어났습니다. 작년부터 지가의 상승을 기대한 차익형 투자자들이 서울의 지식산업센터로 유입되었다면, 올해는 아파트 분양권 투자자들이 수도권 지식산업센터의 '분양권'으로 대거 건너오면서 차익형을 띄게 됩니다. 지식산업센터 분양권은 다주택자나 법인 중도금 대출이나 무제한 전매도 가능하고 양도세가 없다는 강점이 있습니다. 금번 투자자들은 분양권 상태로 적정한 시점에 차익 실현을 하려 하지(차익형 투자자), 등기(입주)까지 생각하는 투자자들(수익형 투자자)은 그리 많지 않다 보니 매도 기간이 긴, 신규 분양 혹은 갓 분양한 현장의 분양권을 선호합니다.

Q. 올해 가장 관심을 많이 받은 지식산업센터는 어디인가요?

A. 상반기에 연이어 분양이 진행되었던 향동이었습니다. 반면, 입주를 마치거나 앞둔 지식산업센터는 향동보다 입지에서 우위에 있거나 분양가가 낮아도 썩 관심을 받지 못했습니다(등기 문제 때문에).

예) 연면적 5만 ㎡ 이상 드라이브인: 향동, 갈매 1,000/평 >

　　미사(신축, 대우) 900~950/평

미사가 향동이나 갈매보다 저렴할 이유는 없는데 현실은 이렇습니다. 향동의 경우 업계 관계자들도 놀란 분양가임에도 P가 0.2~0.3억에서 형성되었다고 합니다. 또한, 지축의 현대프리미어캠퍼스가 1,400평에 완판되면 호가를 더 올려 팔겠다는 대기 물량도 꽤 있습니다.

Q. 요즘 차익형 투자자들이 돈 되는 지식산업센터 분양권을 받고자 하는데 시행사에서 아무에게나 분양하지 않는다고 합니다. 요구조건이 있고 의리를 지켜야 한다는데 그것이 무엇인가요?

A. 우선 요구조건의 예를 들자면 다음과 같습니다.

· 개인사업자 및 연 매출 10억 원 이하의 법인은 분양대상에서 제외하며, 사업자등록증에 제조업이 필수적으로 포함되어야 합니다.

· 끼워팔기(드라이브인에 1~2층 상가 혹은 고층 섹션오피스 또는 창고)

의리란 시행사와의 관계 유지를 의미하며, 좋은 건만 선택적으로 분양받을 순 없습니다. 시행사가 난처할 때는 도와줘야 다음에 우선적으로 좋은 기회를 얻습니다. 예를 들어, A 현장이 선호도 상이고 다음의 B 현장이 선호도 중이며 그다음의 C 현장이 선호도 하이며 다음의 D 현장이 선호도 상일 때, A를 받고 B, C도 계약해야 D도 분양받을 수 있다고 할 수 있습니다.

Q. 지식산업센터 투자 시 유의할 점은 무엇인가요?

A. **최근의 불장 분위기에도 지식산업센터의 본질은 '수익형'입니다.** 분양 초기에 차익형 투자자들끼리 돌릴 때는 문제가 되지 않더라도, 입주가 다가오며 수익형 투자자나 실수요자에게 넘길 때는 수익형으로서의 매력이 있어야 합니다. 그래서 최근의 고분양가와 금리 인상으로 인해 수익률이 감소하며 공급 포화로 인한 공실 리스크는 감안해야 합니다만, 굳이 분양 초기 현장에서는 생각하지 않죠. 그래서 입지가 나쁘거나 고

분양가 현장은 '폭탄돌리기'라는 우려가 있습니다. 이제는 정말 조심해야 합니다. **지금 핫한 갓 분양을 마친 지식산업센터 분양권 시장은 여당에서 추진 중인 전매제한(입주+1년)이 통과**되면 다시 실수요 시장으로 전환될 가능성이 큽니다. 또한, 투기과열지구 아파트 분양권이 그랬듯이 전매가 가능한 분양권은 희소성을 가질 텐데, 입주 시점이 다가올수록 희소성 대신 수익형의 성격이 더 부각될 수 있기에 주의해야 합니다.

Q. 미사 갈매와 별내 등 다른 지식산업센터의 현황은 어떠한가요?

A. 미사 갈매와 별내는 성격이 좀 다릅니다. 입주 시점이 2020년부터 2024년까지로 분산되어 있어, 차익형 투자자와 수익형 투자자 및 실수요자가 본인에게 알맞는 매물을 골라서 살 수 있습니다. 하지만 입주 시점이 분산되더라도 공급 물량이 많아서 섹션오피스의 공실 리스크도 큽니다(드라이브인은 괜찮습니다). 올해 900대/평에 분양한 현장은 완판되었음에도 고분양가로 인식되어 P가 잘 형성되지 못하고 있습니다. 반면, 작년에 700대/평에 분양한 현장은 양도세가 없다는 조건 때문에 P를 고분양가 수준까지 올리지 못하고 있습니다(P는 0.5억 이하, 800대/평에서 거래).

지금까지 상품별 동향을 살펴보았습니다. 투자의 트렌드는 계속 변할 것입니다. 그렇기 때문에 투자하려면 계속 공부해야 합니다. 스마트튜브 경제아카데미에서 최신 투자의 트렌드 강의를 계속 진행할 예정입니다. 저희와 함께 공부하시죠!

아래의 링크로 들어오셔서 '빠숑과 블루999의 대한민국 부동산 투자 트렌드의 모든 것' 강의를 신청해 주시면 됩니다!

입지의 신 빠숑과 임장의 신 블루999의
당신만 몰랐던 부동산투자

초판 1쇄 인쇄 2021년 10월 5일
초판 1쇄 발행 2021년 10월 20일

지은이 김학렬, 김우람
펴낸이 권기대

총괄이사 배혜진
편집팀 이종무, 이재열, 양아람
디자인팀 김창민
마케팅 안익주, 김지윤
경영지원 설용화

펴낸곳 베가북스 **출판등록** 2004년 9월 22일 제2015-000046호
주소 (07269) 서울특별시 영등포구 양산로3길 9, 2층
주문·문의 전화 (02)322-7241 팩스 (02)322-7242

ISBN 979-11-6821-002-8 [13320]

* 책값은 뒤표지에 있습니다.
* 잘못된 책은 구입하신 서점에서 바꾸어 드립니다.
* 좋은 책을 만드는 것은 바로 독자 여러분입니다.
  베가북스는 독자 의견에 항상 귀를 기울입니다. 베가북스의 문은 항상 열려 있습니다.
  원고 투고 또는 문의사항은 vega7241@naver.com으로 보내주시기 바랍니다.
* 베가북스에 대한 더 많은 정보가 필요하신 분은 홈페이지를 방문해주시기 바랍니다.

vegabooks@naver.com www.vegabooks.co.kr
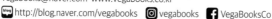 http://blog.naver.com/vegabooks vegabooks VegaBooksCo